私なりに絶景

ニッポン わがまま観光記

宮田珠己

廣済堂出版

私なりに絶景

ニッポンわがまま観光記

まえがき

観光が好きだ。

人間生きていると、たまに、自分は何のために生まれてきたのだろうかと思い悩むことがあるが、私に関して言えば、観光旅行をするためではないかと思う。

仕事をしているときや、勉強しているとき、そのほか家で食器を洗っているとき、洗濯物を干しているときなどは、どうも自分がしっくりこない。何かが本当でない気がする。無理をしているようで息苦しいのだ。

それが観光中となると、とくに自分に無理がなく、なめらかである。息苦しくもないし、体調も普段よりいい。

このことから、運命の神さまが私に観光旅行させようとしてこの世に遣わしたのは明白である。

ニッポンわがまま観光記。

というタイトルは、編集サイドの思惑に合わせてそう名付けただけで、本当の私は全然わがままではなく、むしろ慈愛に満ち、風のように爽やかだ。
担当編集者であり旅の同行者でもあるテレメンテイコ女史は、私がヘンなところばかり行きたがるというが、そんなことはまったくない。ただ興味深いものを観光しているだけである。
むしろ絶景を追い求めているといっても過言ではない。一見、ヘンな景色のようでも、よく見れば絶景なのである。地味だったりしょぼかったりチマチマした景色であっても、それはそういう絶景なのだ。

そんなわけで、この本は、私が編集者とともに日本各地を観光して書いた旅の道中記であって、役に立たない情報が満載である。って、エラそうにいうことでもないが、とくに役に立つことは書いてませんので、みなさんもテキトーに読んでいただけたら幸いです。

2017年1月
宮田珠己

私なりに絶景

ニッポンわがまま観光記

目次

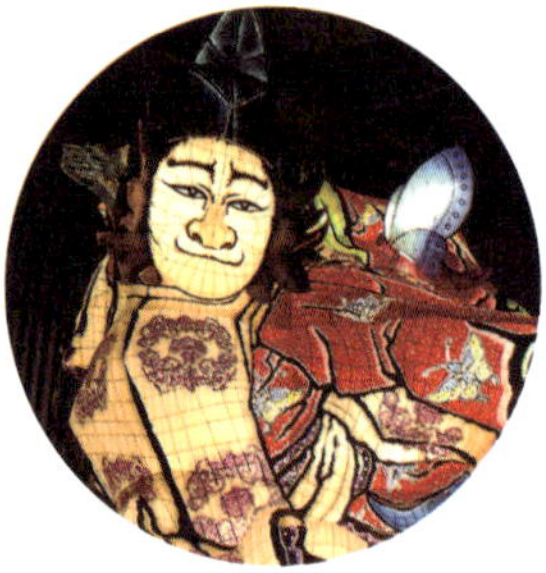

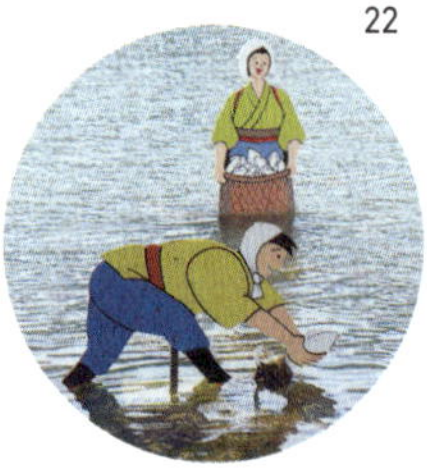

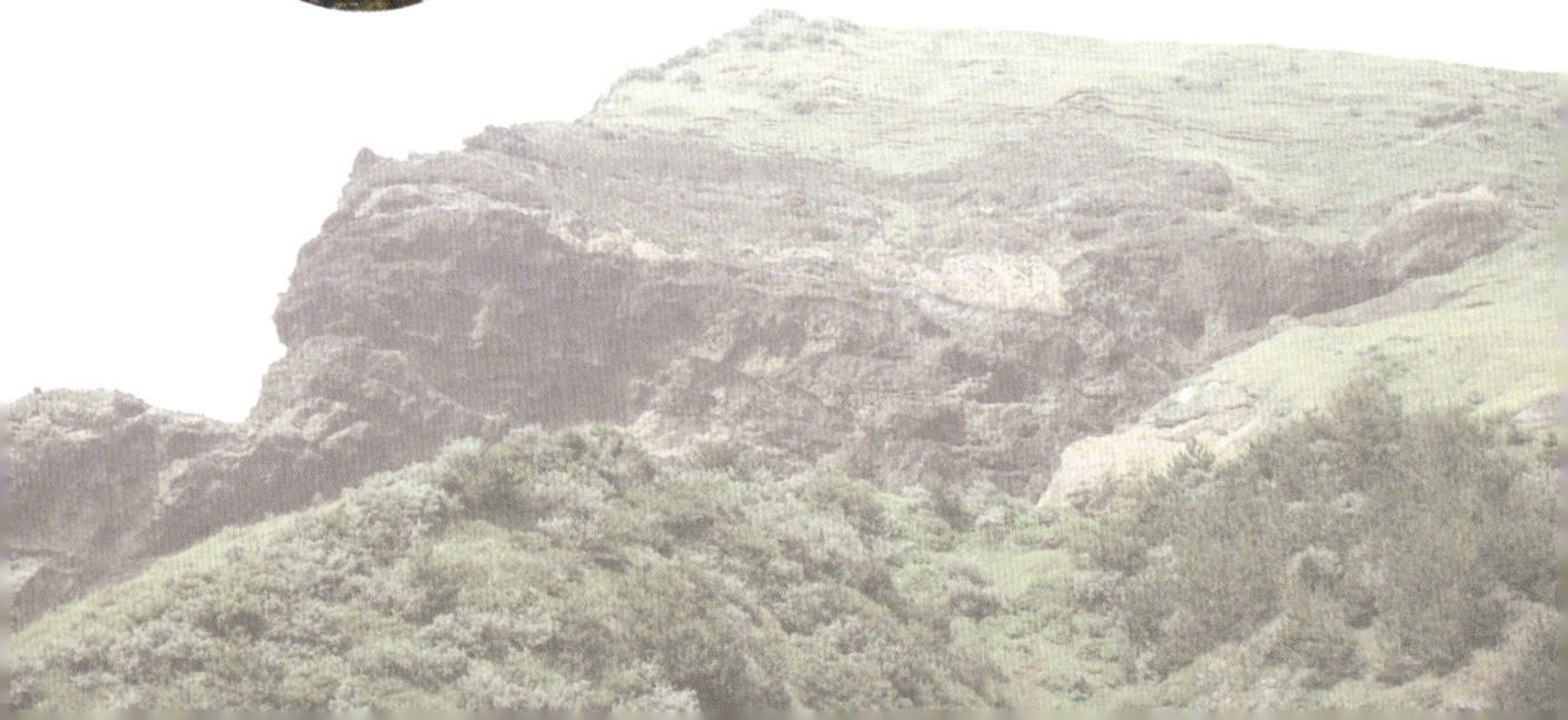

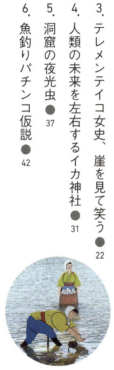

津軽・男鹿

群馬・長野

京都

大阪

四国横断

鹿児島

隠岐

お－① 国賀海岸

1.【常識】勤続20周年はリフレッシュ休暇の年

休暇神

休暇が仕事への報酬として労働者に与えられるという考えは、根本のところで間違っている。就職活動のときなど、正月休み、ゴールデンウィーク、お盆休みほか、1年に何日休暇が取れるかを内心気にしながら、そんなことを聞けば落とされるのではと危惧して口に出せないでいるのは、本来おかしなことである。

休暇は与えられるものではない。もちろん、無理やり奪い取るものでもない。

それは、すでにそこにあるものだ。

〈はじめに休暇があった。休暇は神と共にあり、休暇は神であった〉

……『ヨカによる福音書』より。

それなのに、いつしか人々は、仕事こそが神であり、休暇はその隙間におこぼれのように存在する邪悪なもの、とまでは言わなくても、後ろめたいものと考えるようになってしまった。

本当は逆である。

休暇の合間に仕事があるのだ。

仕事したくない。もう帰りたい。帰って寝たい。温泉でも行きたい。

日々くり返されるそうした衝動が、何が人間にとって本質かを雄弁に物語っている。

仕事というのはその性質からして本能に逆行しており、もともとは生きるために仕方なくやるものであって、なるべくコンパクトに済ませるのが正しい。のべつまくなしに働いて、それで何か有意義なことを為したかのように思い込むのは本末転倒と言わざるを得ない。

今から20年前、私は勤めていた会社を辞めてフリーランスになった。

本能に従い、仕事の合間に休むのではなく、休暇の合間に働くことにしたのだ。

ところが、それまでは会社の机にじっと1か月も座っていれば自動的に銀行口座に生活費が振り込まれていたのに、家で1か月間何もしないで通帳記入してみても生活費が振り込まれていなかった。会社と家の場所が違うだけで、やってることはほぼ同じなのに、なぜか生活費が自動で入ってこなくなったのである。神をも畏れぬ所業と言わざるを得ない。

おかげで、よかれと思って辞めたのが、ますます働かなければならなくなり、以来20年、仕事に追われない日はなくなって、いつも〆切と格闘しながらベッドで横になったりカフェでお茶したりしている。

私の休暇はどこへいったのか。

「宮田さん！」

奪われた私の休暇を取り戻すべく、私は旅に出ようと思う。

「宮田さん！」

ふつう20年も働けば、サラリーマンなら勤続20周年てことでリフレッシュ休暇が与えられ、お金も出してあげるから1か月遊んで暮らしなさい、みたいな人間性回復の制度が設けられているではないか。

フリーランスだからというだけの理由で、私にだけリフレッシュ休暇が適用されないというのは……、

「宮田さん！」

「……なんですか、テレメンテイコさん」

「さっきから何わけのわからないこと言ってるんですか！」

「わけがわからなくありません」

「だいたい20年働いてリフレッシュ休暇なんてごく一部の会社だけですよ」

「……そうなの？」

「宮田さん、いつも旅行に行ってるじゃないですか。どんだけ強欲なんですか」

「旅行に行くと、原稿書かされるんです。そういうのは真の旅行とは呼べない気がする」

「それがあなたの仕事でしょうが」
「20年に一度ぐらい、仕事なしでお金ももらえる旅行があってもいいのではないかと……」
「あり得ません」
「せっかく旅行に行くのに、今回はこれこれについて書こうかとか、これはもう少し詳しく調べないと書けないとか、いちいち考えたくないんですよ」
「べつにそれほどのこと書いてないじゃないですか」
「な、何を言うか」

テレメンテイコ女史は本書の担当編集者にして、旅のコーディネーターである。いつもノートパソコンを持ち歩き、何事も瞬く間にダンドリしてしまう優秀なダンドリ魔であるが、性格は冷酷無比。他人に厳しく、自分に甘い。私とは正反対のタイプである。

こういう仕事をしていると、ごくまれに、趣味を仕事にするのはどんな感じか、と聞かれることがある。

この質問にグラフで答えるなら、だいたい次ページのようになる。

まず「平日仕事をして週末休む」という1週間の時の流れを横軸にとり、縦軸に苦痛度をとると、通常はこういうイメージ（上図）であろう。

それが、趣味を仕事にした場合、下図のようになる。

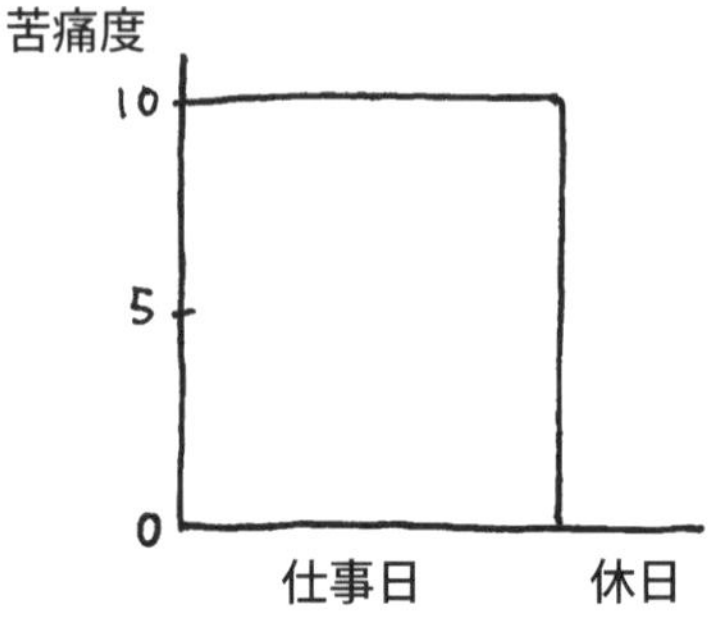

苦痛度グラフ①

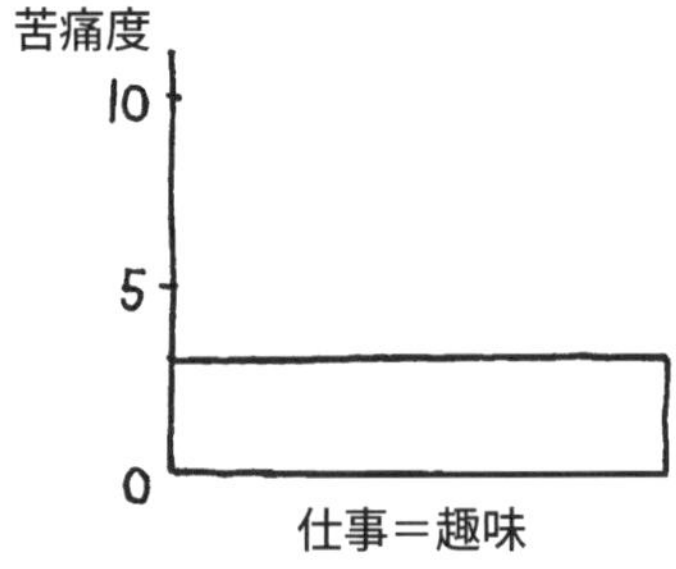

苦痛度グラフ②

これまで苦痛度10だった平日が、苦痛度3に減っているのがわかるだろう。その点は大変喜ばしい。が、かわりにこれまで苦痛度0だった週末が苦痛度3になっている点に注意が必要である。

仮に週休2日とすると、通常の苦痛面積は、10×5（月～金）で50、一方、趣味を仕事にした場合の苦痛面積は、3×7（月～日）で21。全体の苦痛面積は半分以下に減っているので、総合的には趣味を仕事にしたほうがいいと判断できるが、問題は、休日中も3の苦痛が続く点である。

休日なのに苦痛が3。

これは正当な休日と呼べるだろうか。通常業務と休日の間には落差があってしかるべきなのに、ずっと定常状態。これはつまり、年がら年中仕事のことを考えているということだ。

もちろん3を完全に0にせよとは言ってない。趣味を仕事にした以上、ある程度のリスクは覚悟の上だ。ただ休日中の3は、もう少し減らしてもらってもいいのではないか。

いや、減らしてもらおうとか言っているのがすでにダメなのだ。完全なる休暇は人間の権利である。減って当然と考えなければならない。

「というわけで、有給リフレッシュ休暇ください」

「知りません。自分でなんとかしてください」

「だいたい20年も税金払ってるんだから、そろそろ国民リフレッシュ休暇とかそういうものが与えられてしかるべきだと思う」

「そういうことは、国に言ってください」

「はじめに休暇があった。休暇は神と共にあり、休暇は神であった」

「何をブツブツ言ってるんですか」

「どうしていつもそう私に冷たいんです?」

「いいから、仕事しなさい!」

2. 旅立ち――苦から楽へ

休めよ、さらば与えられん。

もし今、休暇がもらえたとしたら、どこに行きたいだろうか。

遊びに行けるならどこだって行きたいが、今現在の気分としては離島に行ってみたい。できればこれまで行ったことのない島で、海で泳いだりシュノーケリングしたりしたい。シュノーケリングが好きだ。

それで全国の行ったことのない離島をリストアップし、隠岐《おき》はどうかと思いついた。

日本海は水がきれいそうだし、前々から、隠岐の島の国賀《くにが》海岸に行ってみたいと思っていたのだ。

なんでも、ものすごい崖なのらしい。

ものすごい崖……素敵な響きだ。

私はすごい地形が好きだ。ただ、地形というのはどういうわけか、ガイドブックによさそう

マリー・アントワネット

に書いてあっても、実際に見ると、なんだこんなもんかと落胆することが多い。

どんな地形も長い年月が作り上げたものだから、その歴史を思えば感動してしかるべきなんだけれども、やっぱり見た目がすごくないと感動しない。

そんななか国賀海岸は、ガイドブックで見てもネットで見ても見応えがありそうだった。実物が予想を上回る貴重なスポットのひとつなのではないか。

隠岐の島なら海もきれいだろうからシュノーケルもできるし、行き先として申し分ない。

そんなわけで隠岐に行くことにして、できるなら寝台特急で行きたいと考えた。昨今は寝台列車が次々と廃止される傾向にあるので、今のうちに乗れるものがあれば乗っておきたい。

そして山陰地方こそは、寝台列車で行くにもっとも適した場所なのだ。

というのも、現在日本で運行している寝台列車は、特別なツアーを除けば、上野＝札幌間を走るカシオペアと、東京＝出雲市・高松を結ぶサンライズだけである（２０１５年７月現在。カシオペアは２０１６年３月に運転終了）。しかもカシオペアは値段が高く、庶民に手が出るのはサンライズのみ。

そのサンライズが向かうのが出雲と高松なのであれば、今乗らなくていったいいつ寝台列車に乗るのか、という話である。

思えば、今まで国内旅行の本を何冊も書いてきたが、一度も寝台列車について書いたことがなかった。列車ももちろん好きだが、寝台となれば好きが倍、いや5倍、10倍といっても過言ではない私であるのに、実にうかつなことであった。世に寝台列車ほど琴線に触れる乗り物はない。

もちろん寝台フェリーもいいし、大嫌いな飛行機だって寝台があれば相当好感度はアップするだろう。

とにかく私は寝たいのだ。

乗りながら寝たい。

昔中国へ行ったときに寝台バスというものがあって、喜んで乗ったところ、ベッドにヒマワリの種がザクザク突き刺さっていて、針のむしろのようだった。ああいうのは困るけれども、しっかり横になれる乗り物なら基本何でも好きだ。

テレメンテイコ女史に頼んで、さっそく「サンライズ出雲」の予約を入れてもらうことにした。

すると、出発が平日だったにもかかわらず、なんと寝台は満席であった。シート席ならあるという。せっかく寝台列車に乗るのにシートじゃしょうがない。横になれないなら乗りたくない。と思っていたら、シートはシートでも通常の座席ではなく、ノビノビ座席だという。

「なんですか、それは」

ネットで見ると、船の2等船室みたいなシートだった。プライバシーは保たれないが、横になることはできるようだ。乗車券のほかに指定席特急券があれば乗れ、寝台料金はいらない。

横になれるならまあいいだろう。それで行きましょうと答えて、予約を入れた。

寝台列車のいいところは、夜に出発できることである。

朝に出発するのと、夜に出発するのでは、その楽しさは倍違う。

夜出発ということは、サラリーマンなら、夕方まで会社で仕事をしたあと、その足で駅へ向かって旅立つという状況が想定される。週末の夜、仕事も用事も無事片付けて、いよいよ出発するその瞬間の開放感たるや、全身が歓喜のうりゃうりゃに包まれるといっても過言ではない。

さっきまで働いていたのが、今もう旅に出ているという、その事実が深い感動を呼ぶのだ。

一晩寝てから出発するのと、仕事帰りに出発するのとでは、苦から楽へと逆転するインパクトの大きさが違うのである。

ただ、私はもうサラリーマンではないため、仕事を終えて会社からそのまま東京駅に旅立つエクスタシーを味わうことはできない。残念ながら、さっきまで仕事してたのがもう旅に！という衝撃はやや薄いのが現実だ。

そこで私は、東京駅に着いてから出発までの空いた時間を、家路を急ぐサラリーマンやＯＬを眺めて過ごすことにした。

彼らの日常と、これから旅立つ自分のナイスな境遇を引き比べることで甘い喜びに包まれようという作戦である。

題して「パンがないならケーキを食べればいいじゃないの」の夕べ。

かつてサラリーマンだった頃、自分が通勤電車を待って並んでいると、遠くへ向かう特急列車が目の前を通り過ぎて、うらやましさで震えたことがあった。特急列車の窓には、指定席にのびのび座ってこちらを眺めている乗客の姿が見え、自分がこれから乗る満員電車とのあまりの違いに、深い絶望を覚えたものだ。

いつの日か、私もあっち側の窓から、こっち側の混雑したプラットホームを眺めてみたい。そうして「パンがないならケーキを食べればいいじゃないの」みたいなセリフを言ってみたい。私はだんだんそんなことを夢見るようになっていった。

そしてまさに、今がそのときだった。

私は「サンライズ出雲」のノビノビ座席に乗り込み、自分の寝床を整えながら、窓越しにホームを行きかう人々を眺めた（おー②③）。

いつもなら大混雑のホームを見ると、げんなりして生きる気力を失いそうになるものだが、今日に限ってはホームが溢れんばかりに人でいっぱいになっていることを期待した。混雑していればいるほど好ましい。仕事帰りのサラリーマンやＯＬの疲れた姿を見て、「パンがないなら……」と心の中でつぶやきたい。

しかし、ホームにはほとんど人がいなかった。

通勤電車はどこか別のホームに来るようだ。

お－② 好ましい反仕事的ノビノビ座席

お－③ こんな豪勢なものに乗れる日が来るとは

なんということであろう。またとない機会なのに。

おおお、誰か私を見よ、パンがないなら私を見よ、私がパンである、じゃなかった、パンがないなら、パンがないなら、誰か私を……。

22時00分、「サンライズ出雲」は定刻通り東京駅を発車した。

まあいい。誰にもうらやましがられなくても、私がこれから旅行に行くことには変わりない。

扉が閉まると、これまで車外の仕事界と繋がっていた空気が遮断され、車内は好ましい反仕事的空気に包まれた。心なしかオゾンも濃くなったように感じられる。

会社から駆け付けたテレメンテイコ女史は、疲れているのか列車が動き出すと即座に熟睡態勢に入っていた。もったいないことである。

私はこの夢のような境遇を味わい尽くすため、窓の外を凝視した。

都会のネオンと喧騒が流れていく。

なんという悦楽。

私はこれから旅に出るのだ。

ノビノビ座席は、各人のスペースが列車の進行方向に対して直角に配置され、それぞれ頭のところに窓がくるようなっている。雑魚寝《ざこね》とはいっても、隣のスペースとの間には敷居があり、上半身部分は壁になっているので、案外個室っぽくもあってさほどストレスは溜まらない。

上下2段あり、私は下段だったが、そこで仰向けに寝ると窓から夜空が見えた。

その夜空に、高層ビルのてっぺんがぬっと現れては通り過ぎていく。

いいなあ、夜行列車は。

品川あたりまではいくつもの高層ビルが通り過ぎていったが、いつしか窓の外は夜空だけになり、都会の喧騒から徐々に切り離されていく旅の時間に、仕事のことは瞬く間に頭から消え失せた。というか、さっきからとっくに消えていた。

3. テレメンテイコ女史、崖を見て笑う

うろおぼえハイジ

島根県の沖、日本海に浮かぶ群島隠岐は、島前《どうぜん》と島後《どうご》の2つの地域からなり、島後は丸い1つの島、島前は大きく3つの島で形成されている。島前の3つの島々は、太古の昔、火山のカルデラだったものが、水没して3つに分かれたものだ。

鳥取県の境港《さかいみなと》を発った高速艇レインボーは、その島前の地上であればカルデラ盆地であった内海に進入し、島前の3つの島のなかでももっとも大きい西ノ島にある別府《べっぷ》港に入港した。

「ついに来ましたね」

生まれて初めての隠岐上陸だ。

「船に酔わなくてよかったです」

テレメンテイコ女史は、日頃の尊大な態度に似合わず船に弱いが、今回はとくに弱ることなくずっと尊大であった。

日本地図で見ると、隠岐の島はずいぶん本州と離れている気がするが、高速艇なら1時間程

度でやってくることができる。境港から案外近い。

滅多に来ることのない場所であり、かなり寂しい島かと思っていたら、思っていたより港に活気があって驚いた。本土と結ぶ高速艇やフェリー以外にも、群島内を結ぶ内航船がいろいろ出ているので、船の出入りが多いのだ。

別府港から国賀海岸まではレンタカーを借りた。

何よりもまずは崖を見に行きたい。

走りだすと、国賀海岸までは、道もわかりやすく交通量も少ないので、瞬く間に到着した。

国賀海岸は、やや小高い場所にある駐車場から眺めると、広大な海をバックに複雑な形状をした岩がいくつもそびえて、さながら岩の遊園地のようだった（お-①）。中にひとつ細く尖った岩がそそり立ち、あれはきっとロウソク岩という名前だろうと思ったら、観音岩と案内板に書いてあった。

右手には緑の草に覆われた丘があり、その海側が切り立って摩《ま》天崖《てんがい》と呼ばれる大きな崖になっているはずだが、この位置からは見えない。しかしこの景色だけでも十分雄大だ。

丘の高さは海抜２５７メートル。なだらかな草地のなかをハイキングコースが通っているというので、登ってみることにした。登るためには、いったん海岸線近くまで下らなければならない。ジグザグ道を下って公園のような草地に出、丘のほうを見上げた瞬間、思わず、あっと声が出た。

ものすごい岩の洞門が、大きな口を開いていたからである（お－④）。それは赤と黒と茶褐色と黄土色の地層を積み重ね、ダイナミックな塊となって海上にそそり立っていた。とりわけ開いた口の周囲は赤く露出し、まるで穴から火を噴いた痕跡のように思えた。

「これはすごいです」

テレメンテイコ女史も唸《うな》る。

洞門は、その名を通天橋《つうてんきょう》というらしい。

とても的確なネーミングとは言えない。地獄門とでも呼びたいぐらいの圧倒的な迫力である。ここは隠岐のパンフレットには頻出《ひんしゅつ》するスポットであり、すでに私も写真で見ていたはずだが、写真で見るのと実物を見るのでは大違いだ。本当にすごい地形は、写真に写しとることなどできないのである。

感動冷めやらぬまま、丘への道を登りはじめた。

丘は、ところどころ灌木《かんぼく》がある程度でほとんど草地だから歩きやすい。しばらく登ると牛が放牧されていた。こんな斜面に放牧して呼び集めるときは大変なんじゃなかろうかと余計な心配をしたが、思えばペーターは毎日こんな斜面をヤギの群れを連れて上り下りしていたわけで、なかなかご苦労なことであった。

「テレメンテイコさん、これが通勤の道だとしたら、満員電車とどっちがいいですか」

案内板には、上まで片道50分とあった。毎日50分これを登るのと、満員電車に片道1時間半乗るのとどっちを選ぶか。

「台風の日も登るんですか」

「大雨とか、風の強い日は休むしかないでしょうね」

「だったら、こっちかも」

「ですね。毎日257メートル登るのはしんどいけど、満員電車よりはいいな。ペーターだってそのぐらい登ってたはずですからね」

「黒パン食べながらね」

「黒パン？」

「そうです。安いパン。知らないんですか。ハイジがクララの屋敷で白パン食べて、あまりのおいしさに感激しておじいさんに持って帰ろうとして、お手伝いさんに見つかって怒られるんですよ。それでクララが同情して、いっぱいくれて……知りません？」

「知りません。で、おじいさんが白パン生まれて初めて食べるわけですか」

「……だったかな」

「おじいさん、そう簡単に白パン食べなさそうですよね」

「そうですね。こんな軟弱なもん食えるかあ、とか言ってちゃぶ台ひっくり返して、それはもう大変でした」

お－④ 写真では伝えきれないものすごい穴感

「ハイジ、残念でしたね」

どうでもいい話をしているうちに、丘の中腹の展望所に到着。そしてそのとき、われわれは初めて摩天崖を見たのである。ここまではこの展望所のある丘に阻まれて見えなかったのだ。

「おおおお、これが摩天崖か！」

それはまさしく垂直に切り立った崖であった。絶景であった（お－⑤）。

これもまた写真で見るのと実際に見るとでは全然迫力が違っていた。はるばる見に来た甲斐があった。こんな地形が日本にあったとは。

感動する私の横で、テレメンテイコ女史がニヤニヤしている。

「どうしたんですか」

「いや、なんか、笑っちゃって」

「は？」

「この景色、なんか可笑《おか》しくないですか？」

お－⑤ テレメンテイコ女史が笑った崖。
とくに笑える要素は見あたらない

「可笑しい？　よくわかりませんが」

「ここまでまっすぐ大地があって、急にストーンて」

「？？？」

「なんとなく笑えませんか？」

「いや、ほんとにわからないです」

「そうですか。くくく」

なんのこっちゃ。

さっぱり意味不明だ。ひょっとしてノビノビ座席でよく眠れなかったのではないか。徹夜明けなどに、どうでもいいことで笑ってしまう謎の現象があるが、テレメンテイコ女史もそれではなかろうか。

ニヤニヤし続ける気持ち悪い女史を残し、私はさらに頂上に向けて歩き出した。

途中今度は馬もいて、蹴られないよう遠巻きに迂回しつつ、案内板にあった通り50分で頂上に到達した。若い頃は、50分と書いてあっても30分ぐらいでやすやすと登ったものだが、今は50分とあれば、きっちり50分かかるようになった。大人の風格というやつであろう。

頂上からの眺めもなかなかよかったが、ここからだと摩天崖は見えず、国賀海岸の異形の岩たちも眼下に遠かった。何もここまで来ることはなかったような気もする。というか、摩天崖もよかったけれど、結局最初に見た通天橋が一番すごかった気がする。

そうして後からニヤニヤ登ってきたテレメンテイコ女史とともに、レンタカーを停めてある駐車場に向け、ふたたび今来た道を下りはじめた。

それにしても、いったいテレメンテイコ女史は、崖がストーンと落ちていることの何が面白いのだろうか。やっぱりよくわからない。崖とは、そもそもそういうものだ。

これまで何度も同行して、女史が無類の酒好きであることや、食い意地がはり過ぎて、取材では私の希望より食事内容を優先していること、うまいものを食う機会を逃すと急速に不機嫌になること、ただ餡かけだけは食べられないこと、七福神が嫌いなこと、事務的なダンドリが完璧なぶん人間をモノとしてしか見ていないこと、自転車に乗れないことなど、多くの裏の顔を知ったが、崖を笑うというのはまったく想像の埒外であった。

あらためて風景を見てみよう。崖とそれに連なる稜線である（お－⑥）。

何も可笑しくない。

「ウケを狙って外しちゃったヤツみたいじゃないですか」

テレメンテイコ女史は言った。

「地形がウケを？」

「たとえば、一人1話ずつ何か話をして、いちばん他の人をびっくりさせた人が勝ち、というゲームをすることになったとして、他の人があれこれネタを繰り出すのを聞いているうちに、もっとびっくりさせるには、とさんざん悩んだ挙句、突然脱いじゃってドン引きされるヤツ、みたいな」

「はあ？」

「観音岩のような形の面白さとか、通天橋のような地層の色やうねりのダイナミックさとか、勝負どころは他にもいろいろあるはずなのに、摩天崖はあんなストーンとした絶壁になってしまって、あーあ、やっちまったなあ。そんな無理しなくていいのに、と思えて」

私は、これ以上聞いても到底理解することができないだろうと思い、話すのをやめた。

お-⑥ 何が笑えるのかわかった方は最寄りの宮田まで

4．人類の未来を左右するイカ神社

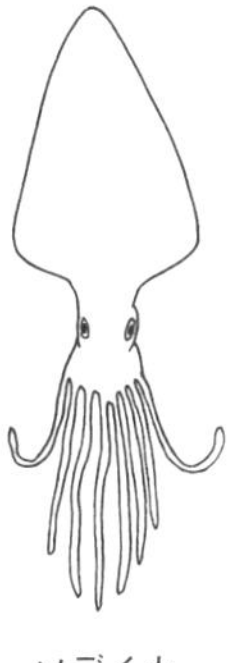
ソデイカ

摩天崖をハイキングした帰り道、われわれは由良比女《ゆらひめ》神社に立ち寄った。かつては隠岐の国の一宮《いちのみや》に定められた古社であり、イカの大群が押し寄せることでも有名である。

イカの大群が押し寄せるとは何のことかというと、神社の前の浜に、秋から冬にかけてソデイカが押し寄せ、それも浜に収まりきらないほどの数がやってきて勝手にピチピチ打ち上げられるのだそうだ。ソデイカは大きいものは1メートル以上にもなるという。

それを島民が拾い集めてトラックの荷台に積んで持ち帰り、その儲けでイカ御殿を建てた人も昔はあったらしい。

ただ近年はめっきりイカが寄らなくなったといい、イカ寄せの浜にたどり着く前におおかた定置網に引っ掛かってしまうのだとか、護岸工事の影響だとかいろいろ言われているものの、はっきりした原因はわかっていない。

1メートルもあるイカがわれ先に浜に上陸していったい何がしたかったのか。賢いイカの考

『フューチャー・イズ・ワイルド』
より自分なりに模写

えることだから、何か深い意味があるはずで、以前読んだ『フューチャー・イズ・ワイルド』（ドゥーガル・ディクソン&ジョン・アダムス著、松井孝典監修、土屋晶子訳、ダイヤモンド社、2004年）という人類なきあとの地球の姿を予測した本には、人類にかわって陸上生物の頂点に立つのはイカと書いてあった。イカが地上にあがって巨大化し、地球を支配するらしい。

由良比女神社のイカ寄せの浜は、まさにその最前線ということであろう。大挙して上陸しようとする1メートルのイカ、すなわち次世代の覇者と、人類との激しい攻防がここで行なわれたのだ。ただ現時点ではまだ人類のほうが優勢で、イカの前衛部隊は島民においしくいただかれ、攻めあぐねたイカ種族は上陸地を変更したものと思われる。イカには高度な知能があり、意味もなく逆上的、刹那的に打ち寄せていたわけではないのである。イカと隠岐の島民は、まさに未来を賭けて戦ったのだ。

由良比女神社は、小さな神社であった。

その前のイカ寄せの浜も、かなり狭く、幅にして50メートルぐらいではないだろうか。海が盲腸のような細長い入江となって、陸に食い込んでいる。

わざわざこの入江だけを選んでやってくる理由はわからないが、イカにはイカなりの戦略があってのことだろう。

由良比女神社には、いたるところにイカの装飾が施されてあった（お－⑦）。塀沿いにはイカの飾りが下がり、なぜか森の中では、赤青緑白の巨大なイカのオブジェというか看板のようなものが樹にぶら下がっている（お－⑧）。

何だ、これ。

いったい何の目的で作られたのか意味不明であり、かつ不気味であり、夜中にこんなものを見たら、それこそ人類への挑戦かと思いそうだ。そもそもそうやって森の奥に潜む必要があるのか。オブジェや看板ならもっと手前でいいだろう。

ここでふたたび『フューチャー・イズ・ワイルド』を参照すると、地上にあがった未来のイカは、森の中でのっしのっしとゾウのように暮らすらしい。そうだったのか。実に暗示的なイカ看板である。

この神社がさらに面白いのは、そういった今どきの飾りだけでなく、石灯籠や欄間にもイカが彫られていることだ（お－⑨⑩）。

神社の装飾彫刻にイカというのは、初めて見た。

以前、日光東照宮にクラゲの彫刻があるという情報を得て、はるばる探しに行ったことがあるが、それは外国人による見間違えで、クラゲなどもちろんいなかった。海の無脊椎動物が彫

お-⑦ 由良比女神社はイカの飾りだらけ

お-⑧ 森の中に立ちならぶ巨大イカ。怖い

お－⑨ 石灯籠の土台のイカ彫刻。イカというだけでなぜかふざけた感じがする

お－⑩ 神社の欄間にもイカ。笑わそうとしているのか

刻になっている寺や神社など見たことがない。海の生き物では、せいぜい亀か魚、そういえばどこかの神社にカニがあるという話を聞いたことがあるけれども、イカとなるとやはり日本でもここだけではないだろうか。

そもそも神話にイカはあまり出てこない。少なくとも私は聞いたことがない。

どう見ても人間と関係を結べそうにない形というか、魚ほどにも対話できない感じがあるので、神話でもおとぎ話でも擬人的にとらえることができなかったと考えられる。

イカ寄せの浜にイカを獲る人間の書き割りがあったのも面白かった。

島民によるイカ撃退記念というか、イカへの警告としてここに設置されているのだろう。

そうしてドライブを終え、レンタカーも返却して、晩飯にイカを食って旨かったということになれば話のオチがつくのだが、この日何を食ったか、そういうことはさっぱり記憶にないのだった。

5. 洞窟の夜光虫

さて、ものすごい崖を見るという当初の目的は達成した。ついでにイカの彫刻も見た。私が隠岐にきた目的はおおむね済んでしまったが、もうひとつ海で遊ぶという重大な懸案が残っている。

海の透明度抜群な離島に来て、海で遊ばない選択肢はない。今回の旅先に隠岐の島を選んだのも、もともとは文筆業20周年を記念したリフレッシュ休暇として、離島の海で遊びたいという理由であった。

そこで、翌日はシーカヤックツアーに参加することにした。海へと漕ぎ出してみると、水深にして10メートル以上はあるだろう海の底が見え、さっそくいい気分だった。

透明な水は素敵だ。透明な水を目の当たりにするだけで、人生には滋味が増す。自分の人生にじゅわっと潤いがしみ込む感じがするのだ。もちろん透明な水に体ごと浮かべば滋味はさら

夜光虫

お－⑪ 東国賀海岸（写真提供：クラブノア隠岐）

に増し、潜ればものすごく増す。ときどき自分は透明な水を求めて旅をしているんじゃないかと思うほどだ。

隠岐の島は、地形が込み入っていて実にシーカヤック向きだった。洞窟まであるというから、隠岐に来てシーカヤックしなければ来た意味がないといっても過言ではない。

われわれが漕ぎ出したのは東国賀海岸で、インストラクターによれば、このあたりは隠岐の中でもとくに洞窟だらけとのことだった（お－⑪）。洞窟だらけの海岸ほどシーカヤックして楽しい場所はない。

ただ入江の奥から漕ぎ出して外海へ向かうと、案外うねりが大きく、船に弱いテレメンテイコ女史にとっては不運だったかもしれない。

シーカヤック初体験の女史は、私とタンデムで乗ることになり、カヤックでは慣れているほうが後ろに乗るから、私からはその背中が見えていた。背中がうねりで持ち上げられたり、波間に沈んだりするたびに、女史の気分がどんどん悪くなって、これを機に日頃の己の行ないを反省し、謙虚なひとりの人間として生まれ変わることを願った。

うねりが大きいと洞窟に入るのが難しくなる。

はじめに向かった洞窟は、近づくと、中で波の砕けるドーンという音が聞こえていた。うねりがもろに入っているようだ。

危険なので、われわれはうねりが入っていない別の洞窟に行先を変更し、そこで50メートルほど奥へ進入することができた。

内部は真っ暗であった。コウモリが棲んでいるとのことだったがこのときは見ることができなくて、かわりに夜光虫がいたようだ。水をかくと海の表面がぼんやりと青く光るとインストラクターが言った。

「わあ、光ってる光ってる」

と客の女性が小さな声をあげたが、私には全然見えなかった。

「光ってる？　そうかな」

水をぐるぐるかき混ぜてみたが、さっぱりわからない。

「見えますか、テレメンテイコさん」

「ええ、なんとなく」

私だけ見えないのらしい。

「見えないんですか、宮田さん」

「んんん」

「日頃の行ないが悪いせいじゃないですか」

何をいうか。夜光虫というのはいつもそんな感じのものなのだ。

私の経験のなかで、もっとも美しい夜光虫を見たのは、夜の東京湾を八丈島へ向かう汽船「すとれちあ丸」の甲板でのことだった。船のかきわける波が銀河のように光ってとても美しかった。

あのときは大量の夜光虫の群れのなかを移動したからよく見えた。

夜光虫一匹一匹の光はあまりに微かであり、一度光ったら、次に同じ個体がまた光るまで充電に時間がかかる。なので十分明るく光るためには、夜光虫が無数にいる場所で、位置を少しずつ変えながら水をかき混ぜる必要がある。

だから今、私が手元でかき混ぜたところで、たいして光らないのは、しょうがないことなのであった。

夜光虫と聞くと明るく輝く姿を想像するが、実際は見えるような見えないような生きものなのである。

ただ、そうやってそういう生きものだから仕方ないとか言ってると、未来は何も変わらない。

そのへんは夜光虫のほうでも、バッテリーを最新式に交換するとか、洞窟の壁に充電器をつけるなど、イノベーションに取り組んでいくことが重要だ。でないと、何のために夜光虫やってるのかという話である。

そんなわけで、私の夜光虫は光らなかった。

実に光らなかった。

もちろん、私の日頃の行ないとは何の関係もなく、バッテリーの問題である。

ちなみに、洞窟そのものは面白かった。

できればもっと長く続いて、反対側から抜けたりできればもっと面白かったが、インストラクターによると、そういう洞窟もあるけれど、今日のうねりでは難しいとの話であった。

6. 魚釣りパチンコ仮説

西ノ島の別府港から、対岸の海士町《あまちょう》菱浦《ひしうら》港に船で渡ったら、港があか抜けていて驚いた。モダンな待合施設があって、駐車場にも多くの車が駐車している。とても離島とは思えない。なんでも海士町は、全国的に有名な地方活性化事業の成功例であるらしく、県外からの移住者も少なくないという。

われわれはそんなこともよく知らないでやって来て、何をしたかといえば、シュノーケリングである。レンタカーを借り、適当に観光案内を見てハート岩のある明屋《あきや》海岸に行ってプカプカ浮かんでみた（おー⑫）。

このとき季節は7月頭で、もうすぐ梅雨明けとはいえ日本海の海は冷たく、ウミウシを2匹見つけただけで寒くなってあがった。シュノーケリング三昧を期して隠岐にやってきたのだったが、ウェットスーツなしではまだ難しかったようだ。

宿に戻り、夕食をとって、今回の隠岐の旅もこのへんでおしまいかなと思いつつ、部屋でだ

釣り

らだらしていると、テレメンテイコ女史から電話がかかってきた。

「宿の夜釣りツアーがあるから行ってみませんか」

テレメンテイコ女史は釣りが趣味で、いつも海辺に取材に来ると、必ずどこかで釣りをする機会をうかがっている。さらにうまいものを食う機会とか、私を糾弾する機会なども常にうかがっている。

こうした予定外の誘いは、たいてい女史の罠であると考えて差し支えないが、隠岐ではもうこれといってやることもなく、シュノーケリングも今ひとつだったので、参加してみることにした。

ツアーといっても、宿のスタッフが適当な堤防へ釣りに連れて行ってくれるというだけの気軽なもので、この日の参加者はテレメンテイコ女史と私のふたりだけだった。

スタッフは、われわれよりはるかに若い青年で、25歳。松江からここに移住してきたそうだ。同じ県内とはいえなんでわざわざこの島に、とさらに聞くと、釣りが好きだったから、と答えた。

ただ釣りが好きというだけで離島に移住するとは。

お－⑫ なんだかおどろおどろしいハート岩

意外に思ったが、その好きが尋常でなかったようである。子どものとき初めて自分の小遣いで買ったものが魚だったという。それも飼うためではなく、さばいてみたかったそうだ。

この島は静かなので釣りに専念できていい、と彼は言った。

ふつう若者といえば、ある程度の歳になると、都会に憧れて故郷を去るか、そうでなければ地元で楽しくやるかのどちらかを選択しそうなものだが、地元以上に辺鄙《へんぴ》な場所へ移住するのはなかなか勇気のいることだ。ただでさえ寂しくなるうえに、まるで自分が脱落者のように感じそうである。

今でこそそういう選択も理解できるが、20代前半の私なら、プライドが邪魔をしてそんな選択はとてもできなかった。

そういう意味で私はこの若者を尊敬した。と同時に本当に寂しくないのか半信半疑でもあった。

車で現場へ行く途中、忘れ物を取りに行くというので、彼の棲家に立ち寄ったところ、それが廃屋寸前の古民家で、しかも町の中心からも離れていて、20代の自分がここに住んだらと想像すると、とても耐えられない気がした。

若者はしかし、ちっとも鬱屈していない。人が苦手で敢えて引っ込んでいるというわけでもなく、明るく口も達者で、若いときの私のほうが引っ込み思案で人見知りだったぐらいだ。

つまり、自らすすんで辺鄙なところへ移住する人→引っ込み思案な人、という思い込みがすでに間違っているので、こんな場所で引っ込み思案でいては本当に孤立してしまうから、むしろそういう次元を超越した人であってこそ辺鄙な場所で生活できるということかもしれない。

若者はわれわれを小さな漁港に案内してくれた。

繋留《けいりゅう》された漁船の間から海に向かって釣り糸を垂らす。

いったい何が釣れるのか見当もつかない。餌は、擬似ワームというもので、ミミズのような形のゴム的な何かが、釣り針の先で竿の動きに合わせてのたくっていた。

こんな子供だましのゴムみたいなものに引っかかるアホな魚が本当にいるのか。

若者によれば、この擬似ワームから魚の好きな匂いが出るのだそうで、しかも見ていると、のたくる動きがいかにも生きたミミズのようなくねり具合で、これはもう魚的に我慢の限界なのですと言われれば、だんだんそのような雰囲気も感じられてきた。

「本土のほうでは、これではなかなかだまされませんが、離島だとこれで十分釣れます」

つまり本土の魚は誘惑に強く、一方で離島の魚は世間を知らないということだ。実にわかりやすい。

「メーカーも、新しいルアーを開発するとまずは試しに離島にやってくるんです。離島で釣れなかったら、見込みなしということですね」

ということは、ここで何も釣れなかったら釣り人としての私も見込みなしということである。

「そうです。でも大丈夫ですよ。初めての方もここでは絶対に釣れますから」

私は岸壁から糸を垂らして待ったが、釣りを知らないので、どんなふうに待てばいいのかわからなかった。若者もテレメンテイコ女史も、微妙に竿を動かしたり、位置を変えたりしていて、私も形だけマネしてみるものの、その行為にどういう意味があるのか知らず、ただそれっぽい感じでやってみているだけだった。

ところがそんな私にもすぐに引きがきたのである。

厳密には、その引き自体も、本当に引いているのか何かの勘違いなのか判別できなかったのだが、適当に引き上げてみると小さな魚がかかっていた。

若者が針から外してくれ、これがメバルだと教えてくれた。体長10センチ程度しかなく、小さいから海に返しましょうと彼は言って、また海に放り込んだ。

おお、これが音に聞く、キャッチ&リリースか。博愛精神とはこのことであろう。

ただ、リリースといっても、釣られた魚は口を一度針で貫かれているから大怪我をしているわけで、そんな大怪我を治療もしないで海に戻されても果たしてこの先無事に生きていけるのかどうか。これは前から不思議だったので、若者に尋ねてみた。

「大丈夫です。雑菌が入って病気になったりはしないですね」

つまり、そのうち治るということだ。しかし針で口元を貫かれたというだけでなく、その針で全体重を引き上げられたとなれば、相当深刻なダメージがあるはずである。自分がそうやって釣り上げられたら、口元は当然裂けてものが食べられなくなり、栄養がとれずに衰弱するだろう。深い傷はなかなか修復されず、やがて化膿《かのう》して、そんな自分の状態にもうおれはだめだと自暴自棄になって、教室で暴れたりしそうだ。メバルが自暴自棄にならないことを祈った。

それにしても、若者の話の通り、ここでの釣りは簡単だった。

何の知識もない私でも、10匹以上釣れた。ほとんどがメバルで、中に1匹カサゴが混じっていた。半分ぐらいはリリースする。

透明度が高いので、月明かりで海の中がぼんやり見え、メバルとかカサゴとかよりずっと大きい鯛的な何かがゆったりと泳いでいるのがわかる。

海中の鯛的なもの

あれは釣れないのか、と聞けば、

「見えてる魚は釣れないんですよ」

とテレメンテイコ女史が言う。

「そうなんです。見えてる魚は釣れないです」

若者も同意した。

見えているということは、魚からもこっちが見えているということで釣れない理屈だそうだ。一見もっともらしいようだが納得できない話である。

では、釣れたメバルやカサゴからわれわれは見えていなかったのだろうか。私はとくに身を隠してなかったから、見ようと思えばむこうから私が見えたはずだ。たしかに私からは見えなかったが、それは、むこうが岸壁の陰にいたか、もしくは小さかったからだと思う。

もし見える見えないの問題であるなら、こっちは身を隠してでもいいから、あの鯛的なものを釣りたい。どう見てもあっちのほうが大きい。

細い釣り竿では釣れない、もしくは、餌が違う、ということならわかる。だったらあれに見合う竿と餌を持ってくればいい。

そこにでかい獲物がいれば、規定路線を変更してでもそっちを狙うのが人間というものではないだろうか。

しかし若者もテレメンテイコ女史も、あの、見るからにでかい、うちわぐらいある、どう見ても食ったら肉も多そうな影には目もくれず、淡々とメバル方面で自重している。

いったい何の精神修行であろう。

それから何匹も釣ったものの、どれもメバルだった。大きさも全部10センチ内外で、リリースしたりしなかったり微妙なラインだ。せめて同じメバルでも30センチぐらいのがかかるとか、たまにエイみたいな突拍子もないものが釣れるとか、そういうことでもないと単調で飽きてくる。

そして私はだんだんわかってきたのである。

これこそが釣りの罠であることが。

このじれったさ、物足りなさ、次はもうちょっとでかいのが釣れるかもしれないという期待感。それはだいたいにおいて裏切られるわけだが、海の中にはいろんなものがいるのだから、そのうち面白い何かが釣れないとも限らない。

そうやってじらされてじらされて、最終的に気がつけば何時間もハマってしまっているというのは、何だか身に覚えがあると思ったらパチンコである。

パチンコもそのうちでかい当たりが来そうと思わせておいて、全然来ないのである。そっくりである。

騒々しい店内でやるパチンコと違って、釣りは海でやるぶん爽やかなので、ハマる人が多いのもわかる。パチンコ中毒で悩んでいる人は、釣りに転向すればいいだろう。

ましてや今、月明かりに照らされた港がとても静かで美しい。この静かな世界で、黙々とやるパチンコのなんと清々しいことよ。

若者が幻の魚ヒラスズキの話をしてくれた。

ヒラスズキは冬に釣れる魚で、それもシケの日でないと釣れないのらしい。波の高さ3メートル以上のときがいい、と若者は言った。

そういう日には波にさらわれる危険があるので、ドライスーツにライフジャケットを着て出かけるそうだ。さらわれる前提で相応の準備をしていくのである。防水パックした携帯電話はもちろん、念のため無線機も持っていくという。

「実際にさらわれたことは？」

「3回ぐらいあります」

ひょええ、そこまでして魚釣りたいか。

「そういうときは、どうするんですか」

「岩に叩きつけられると危険なので、いったん沖へ泳いで、上陸できそうなところを探して戻ります。でもうまく上陸できても崖の下だったりするんですよ」

ってのんきなこと言ってる場合であろうか。それ、遭難だろ。

しかし今こうしてわれわれにメバル釣りを教えてくれているのだから、波にのまれても無事生還したということである。

そういえば、やりすぎてたまに生還できないことがあるのは、パチンコも同じだ。

今後、彼が大変な目に遭わないことを祈ったのである。

津軽・男鹿

つ-① 男鹿半島で見た
巨大なまはげ像

1. 見応えのある霊場と、空飛ぶ車

飛行車

観光には、どこか一か所絶景とも名勝とも呼ばれるような場所へ出かけて、それを愛でるというスタイルもあれば、うまいもの食ったり温泉につかってゆっくり過ごすスタイルもあり、その土地ならではの何かを体験するというスタイルもある。

本人が楽しめればなんでもいいわけで、それ以外にも、自分の気になる何かを探す、そればかり見ながら徘徊するという、マニアックな観光というのがある。

有名スポットには目もくれず、たとえばマンホールの蓋や児童公園の遊具ばかり見て回ったり、観光地に行っても記念撮影用の顔ハメと呼ばれるパネルに注目している人があったりする。

そこまでB級でなくても、石仏を見て回ったり、狛犬とか鏝絵《こてえ》とか富士塚とか、それなりに歴史のあるものに執着し、それを探して回るという旅のスタイルが、昨今だいぶ世の中に定着してきたように思われる。

私もそういうスタイルの旅は好きで、たとえば信濃の道祖神や、京都から若狭にかけて見ら

れる化粧地蔵、宮崎のえびの市に見られる田の神《たのかんさあ》を探して、町なかや農村をうろうろしたことがある。

このたび、ある人に、津軽地方の神社の鳥居には鬼がのっているものがあると聞いて、見てみたくなった。町なかの小さな神社にそれはあり、そんな神社が津軽一帯に何十と存在しているという。

「テレメンテイコさん、青森に鬼コを見に行きたいんですが」

「鬼コ？」

「神社の鳥居の上に鬼がのってるんです」

「珍しいですね。でも青森は、前に行きましたよね。石拾いに」

「青森はいいところなんですよ。二度でも三度でも行きたいです。今回も石を拾いましょう」

「石拾いはもう必要ないでしょう」

「なんでですか」

「ワンパターンだからです。前にもそのテーマで書いてるじゃないですか」

「ワンパターンに見えても、石はひとつひとつ色も形も……」

「鬼コですね。調べておきます」

ということで弘前にやってきた。レンタカーを借りて、2日にわたり弘前から津軽にかけての一帯で鬼コを探す予定だ。そしてできればついでに周辺のナイスなスポットにも寄って……。

「石拾いは行きませんよ」

「この高山稲荷という神社に、千本鳥居といって京都の伏見稲荷みたいな鳥居のトンネルがあるんですよ。それも行きたいです」

「行きましょう」

「その裏がちょうど七里長浜で、海岸を歩けば……」

「海岸はいらないと思います」

「海岸にいい石が落ちているかもしれません」

「必要ないです」

頑なさにおいて、テレメンテイコ女史の右に出る者はないのであった。

とりあえず石はおいておくとしても、青森は本当に面白いスポットばっかりだ。

下北半島の仏ケ浦は、SF的な奇岩風景が面白いし、五能線は味わいがあるし、もちろんねぶた祭りは私が日本一好きな祭りといっても過言ではない。下北半島には、イカのレースをやっているところがあるらしく、その名もイカサマレースというのだそうだ。名前からしてふざけていてとてもいい。ぜひいつかやってみたい。

他にもいくつかあるけれど、なんといっても津軽半島の海岸で拾える石ころの美しさときたら……いや、この話はおいておくのだった。

ともあれ何度でも来たい青森県であって、今回最初に向かったのは赤倉山《あかくらやま》神社である。ここ

つ－② 鳥居に巻きつく龍

つ－③ 何にでも巻きつく龍

は岩木山麓にある霊場で、青森の霊場といえば、恐山《おそれざん》が有名だけれども、仏教色の強い恐山に対し、こちらは神社である。赤倉霊場とも呼ばれ、今でも山内には修行中の巫者《ふしゃ》（神がかりの状態になることで、神託を授けたり、祈祷をしたりする人）が何人か小屋を建てて住んでいるとのこと。

興味深い場所ではあるけれども、気軽に覗きにいくのは憚られるうえ、今回の目的は鬼コなので、修行の場までは立ち入らず、神社だけ観光しにいこうと思う。

赤倉山神社は裾野のりんご畑を通り抜け、車通りのほとんどない山道を分け入った先にある。大きな鳥居が見えてきたと思ったら、それは手前の大石神社で、鳥居に龍が巻きついていた（つ－②）。

さらに進むと、いくつかの建物が集まった場所に出て、そこが赤倉山神社であった。本殿の両側に龍の巻き付いたコンクリート製の柱が立っており、さっそく面白い（つ-③）。

柱は屋根を支えるわけでもなく、鳥居になってるわけでもなく、ただ柱である。龍の止まり木のようなものだろうか。というか、巻きついているはずの龍の顔が柱そのものにくっついていて、かつ、人面である。

「いいですねえ」

テレメンテイコ女史も笑っている。

まずは参拝して、何の気なしに本殿内部を覗くと、ご神体とおぼしい鏡の手前に、富士山型の、おそらく岩木山を模したつもりのステンレスの燭台があり、暗い室内でそこだけぼうっと銀色に輝いているさまは、不思議に神々しく見えた（つ-④）。

私はこの燭台がとても気に入って、しばらくじっと眺めていた。ステンレスがこれほど神々しいとは。

本殿を離れ、さらに奥へ歩いていくと、一列に並んだ8体の石仏があってこれまた味わいがあった。千手観音《せんじゅかんのん》や虚空蔵菩薩《こくうぞうぼさつ》、文殊菩薩《もんじゅぼさつ》など十二支に対応した守り本尊になっている。本尊の下に干支《えと》の動物もいっしょに彫ってあって、とてもかわいい（つ-⑤⑥⑦）。

昔から仏像好きの私だが、最近はもっぱら石仏に惹かれている。木の仏像の精緻な彫りに対し、石仏は材質上どうしても彫りが甘くなる。おかげで全体がまろやかで、ユーモラスになりがちだ。そこがいい。

テレメンテイコ女史も、この石仏には惹かれたようで、バシバシ写真を撮っていた。

そのほか弘法大師《こうぼうだいし》像や、なぜか力士像なども石で彫られており、神さまでも仏さまでも何でもありなうえに、相撲《すもう》取りまで習合《しゅうごう》して、実に豪勢な霊場である（つ-⑧）。

目指す鬼の面は、左手奥の小屋に懸かっていた。場所がわからず、テレメンテイコ女史が、そのへんの建物から出てきたおじさんに尋ねたのだった。おじさんは、われわれを小屋が見える場所まで案内してくれ、奥には修行の人たちの小屋があると教えてくれた。小屋にはテレビなんかも置いてあるのらしい。

んんん、テレビ見ながら修行するとは。どんな感じでやってるのか見てみたくなったが、所詮興味本位の観光客に過ぎないので、立ち入るのはやめておこう。

小屋に懸かる面は、素朴な表情の鬼が、龍の彫られた懸物《かけもの》と一体となって、いかにも今から物語が始まりそうな雰囲気だった（つ-⑨）。この神社は味わい深いものばかりだ。

一応はこの鬼の面を目当てにここまで来たわれわれだったが、そのほかにも見応えのあるものがたくさんあって満足した。

「鳥居に鬼コはいませんでしたが、最初からいいところに来ましたね」

テレメンテイコ女史もうれしそうである。

さすが青森、期待を裏切らない。今回もなかなか充実した旅になりそうであった。

ところで、赤倉山神社へのドライブ中、謎の車を見たので報告したい。ジェットエンジンを

つ−④ 神々しいステンレスの山

つ−⑤ 普賢菩薩はちょっと目が冷たい

つ−⑥ 不動明王とニワトリ

つ−⑦ 素朴なおじさんのような文殊菩薩

つ－⑧ 右の力士の負けた感がすごい

つ－⑩ いざ空へ

つ－⑨ 扉を開けると何かが始まりそうな小屋

積んだようなオープンカーで、1台や2台ではなく、何台もすれ違った。

それはこんな形であった（つ－⑩）。

「あれは何なんでしょう、テレメンテイコさん、知ってますか」

「いえ、私も初めて見ました」

青森には何度か来ているが、こんな車を見たのは初めてだ。りんご農園のあたりでよく見かけるので、りんごに関係するマシンではないかと考えられる。

「あのジェットエンジンみたいなところにりんごを入れて攪拌《かくはん》し、りんごジュースを作るんじゃないでしょうか」

そう言ってみたが、テレメンテイコ女史に無視されたので、さらに考える。

車をよく見ると、ジェットエンジンに見えた最後尾の大きな穴の中にはプロペラがついていて、ジェットではないことがわかる。しかしプロペラということは、空を飛ぶ可能性が十分ある。

運転席がむき出しで、このまま空にあがると危険なようだが、魔法使いも箒《ほうき》に乗って、シートベルトもなしに空を飛ぶから、本気で飛ぶという行為は、そういうストイックなものなのかもしれない。

あらためて見てみると、運転している人の感じが、箒に乗った魔法使いのたたずまいに似ているような気がする。

後にネットで調べると、これはりんご農家が使うSSと呼ばれる車だそうで、空を飛ぶとは書いてなかったが、それは飛ぶに決まっているからわざわざ書いていないだけで、ＳＳは、Ｓｋｙ Ｓｃｏｏｔｅｒ、もしくは、Ｓｋｙ Ｓｐｅｅｄｅｒ、の略と考えられる。

「しかるべきときには、飛ぶわけですね」

そう問いかけて、テレメンテイコ女史の見解を待ったが、彼女は軽く鼻で笑っただけだった。

2. 鬼コを求めて三千里

シジミ

赤倉山神社の見物を終え、いよいよ鳥居の上の鬼コを見て回ることにする。

計画では、この2日間、レンタカーで弘前《ひろさき》から五所川原《ごしょがわら》、そして津軽半島を縦横無尽に駆け回って鬼コを見ることになっている。鬼コのある神社は小さな村の鎮守《ちんじゅ》であることが多いため、鬼コもそれに従い各地に点々と散在している。

最初に見たのは、弘前の白山姫《しろやまひめ》神社だった。

津軽平野の田園風景の中のまばらな住宅地に、その神社はあった。人気のない小さなお社がひとつあるだけの神社で、短い参道の鳥居のひとつに、それはのっていた（つ－⑪）。

鬼というより、おむつをして、ハアハア言ってる若者（理由は不明）に見えるが、よくよく見ると角が見えるから、鬼で間違いない。ひとりポツンと鳥居の中央でがんばっているのが健気で、なんだかフレッシュだ。

「いい顔してますね」

つ-⑪ ハァハァハァ

まだこれしか鬼コを見ていないが、色といい、表情といい、なかなかの逸品である気がする。ものすごくリアルというわけでもなく、雑というわけでもない、ちょうどいいかわいさ。そんなものが鳥居にちょこんとのっているという、このちょこんが曲者《くせもの》なのである。

これひとつ見るために、わざわざ弘前まで来ることはなかったと思うけれども、こういうものがたくさんあるなら、わざわざ来たいと思ってしまうのである。

そしてこれひとつ見たら白山姫神社、とくに他に見るものはないのだった。

お参りだけして先へ進む。

続いて車を走らせ、たどり着いたのは、撫牛子《ないじょうし》の八幡宮。

鳥居が半分壊れていたが、ここにも鬼コはのっていた。今度はエメラルドグリーンだ(つ-⑫)。表情は白山姫神社のものより鬼っぽい。八幡宮にエメラルドグリーンという取り合わせが奇妙である。境内の表示板に鬼コの説明があり、悪霊を防ぐとあった。ということは鬼は村人の味方なのだ。毒をもって毒を制すという話だろうか。

津軽独特の神社信仰とも書かれていて、いずれにせよ青森に来なければ見られないもののようだ。

そしてこの撫牛子の八幡宮も境内は狭く、他に何があるというわけでもなかったが、奥の木の根元に謎のミサイル石みたいなものがあって、傾いていた。何なのかはわからない（つ-⑬）。砲弾を模したものだろうか、とあれこれ考えていたら、背後で、

「この鬼コは、後ろからパンツが見えますよ」

とテレメンテイコ女史が喜んでいた。

次に向かったのは、平川市の三社神社である。鳥居の並ぶ参道があり、そのなかの奥まったひとつに鬼コがのっていた（つ-⑭）。

面白いことに今度は水色である。しかもなんだか発色がいい。エメラルドグリーンといい、水色といい、青森の鬼は派手だ。鬼というのは赤か青と決まっているのではなかったのか。そしてここでも、後ろからパンツ（ふんどし）が見えるとテレメンテイコ女史が指摘（つ-⑮）。後ろからパンツが見えるかどうかは、女史的に非常に重要なようだ。

この神社も規模は小さかった。参道の石柱には、村社と書かれていたから、村の鎮守の鬼、ということになるのだろうか。

次に見た弘前市石川の八幡宮は、小さな丘の上にあり、真っ赤な鬼コはなんだかおもちゃのような恰好をしていた（つ-⑰）。顔が妙に平たく、前に突き出ている。

テレメンテイコ女史にならって裏に回ると、パンツどころか尻丸出しであった（つ-⑱）。言

つ−⑬ 謎のミサイル石

つ−⑫ 鬼コの多くは和式トイレスタイル

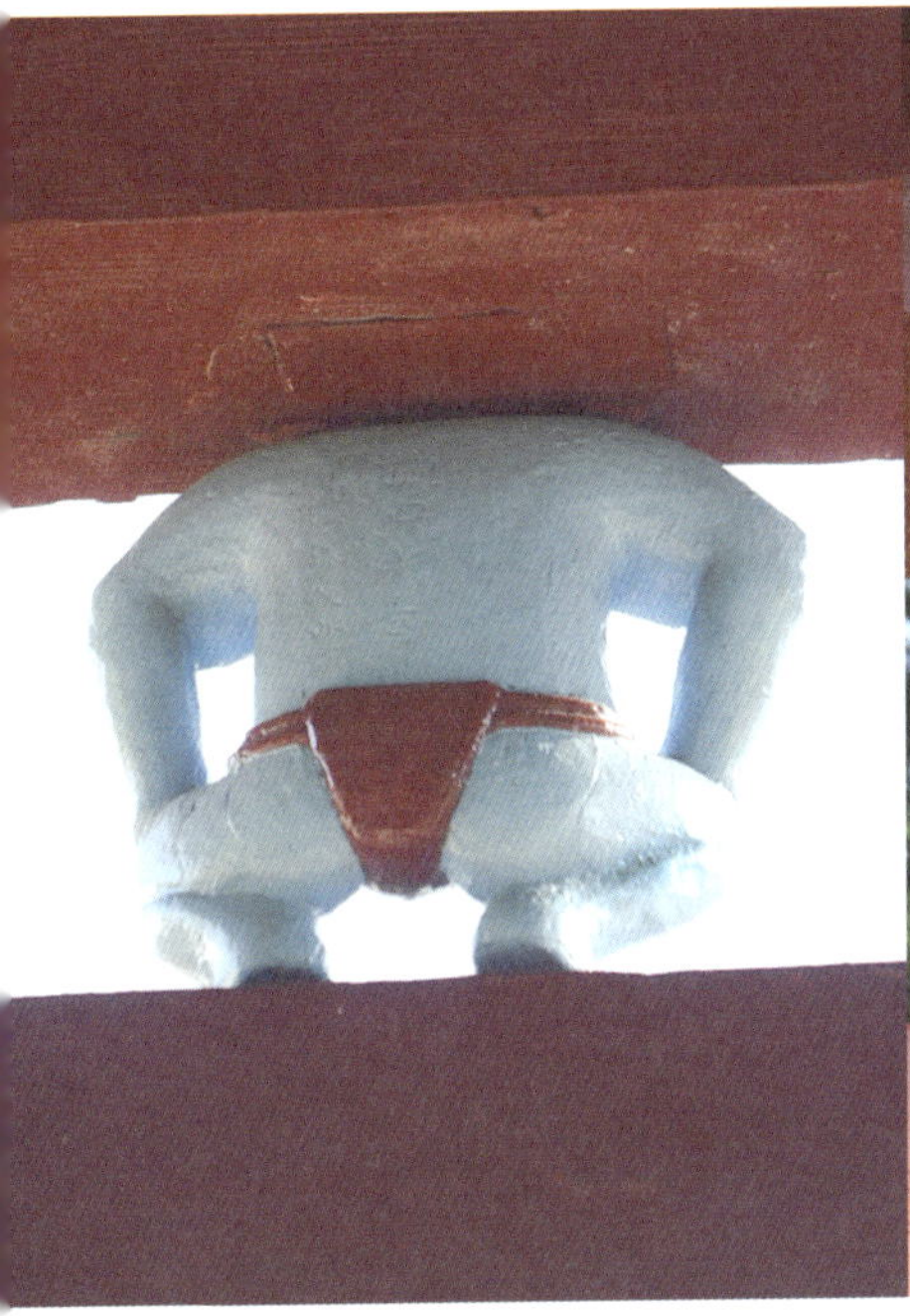

つ−⑮ ふんどし丸見え

つ−⑭ アニメのキャラクターのよう

うなればトイレできばってる感じで、なるほどそれで顔が前に突き出ていたのかと納得する。ぐっと力をこめていたわけだ。

テレメンテイコ女史のパンツ問題は、こうして新たな展開を見せはじめたわけだが、この日はこれで時間切れ。レンタカーでテキパキと見て回っているつもりでも、場所探しに時間がかかるので、そうそうたくさんは回れない。

ただ、そうやって機械的に見ているうちに、もっとたくさん集めてカードにしたいような、図鑑でも作りたいような気持ちになってきた。

有名観光スポットを訪れるのではなく、町なかに埋もれた小さな神仏を探して回るこういうタイプの観光では、いつもそんな気持ちになる。長野の道祖神も、若狭の化粧地蔵も、えびの田の神のときも、そうだった。たくさん見れば見るほど、次はどんなのが登場するかと楽しみになってくるのである。

近頃は、観光地に行っても、たとえば華厳《けごん》の滝どーんというだけでは、間がもたない。じっと動かないでいても間がもつのは温泉ぐらいで、それは滝のあるなしにかかわらずもつから、つまり素晴らしい景色があるだけでは、すぐに退屈してしまうということかもしれない。むしろこうやって何かをうろうろ探して回るのが、自分の性に合っている気がする。

それで翌日も、朝から鬼コ探検に出かけた。

レンタカーで津軽平野を走る。

津軽平野はどこからでも岩木山の山容が目に入って、それが力強く美しい。秋のはじめだったせいか、黄金の稲穂の向こうにそびえるその姿が、ドライブしながらちらちら見ると、年に何度と見られない絶景のような気がして、車を停めてじっくり眺めたくなった（つ–⑯）。でも、例によってどんな絶景もじっと眺めるとそんなに間がもたないのはわかっているから、運転中のよそ見できない焦れた状況で満喫した。

さて、最初に訪れた鶴田町胡桃《くるみ》舘《だて》の八幡宮には、切り株に乗って空中浮遊する金の鬼コがいて、後ろからパンツは見えなかった（つ–⑲）。

この神社には、本殿にも板状の鬼がいたり（つ–⑳㉑㉒）、ハトの狛犬というか狛ハトがいたりして（つ–㉓）、こまごまと面白い。

なお、こういう神聖なものを面白いというと、怒る人もいるかもしれない。

この場合の面白いには、民俗学の見地から見て学術的に興味深いという〈面白い〉と、見た目が〈面白い〉の2種類があり、ここで私がいうのは後者である。となるといよいよ怒られそうであるが、言い訳すると、見た目が〈面白い〉というのは決して馬鹿にした感想ではなく、心の中の深遠な部分に触れているからこそ、理屈抜きで心動かされて〈面白い〉のであって、頭で学術的に〈面白い〉より実は高等な、説明不要の〈面白い〉である。もっと言えば、面白かったり、怖かったり、不気味だったり、理屈で説明できないものだからこそ神聖になるのであって、なかなか狙ってできることではない。

つ－⑯ 日本にはかっこいい山がある

つ－⑱ お尻丸出し

つ－⑰ 微妙な表情

つ－⑳ 板状の鬼コ

つ－⑲ あぐらタイプ

つ－㉓ 狛ハト？

つ－㉒ ゆるすぎる

つ－㉑ ゆるい

神聖なものは、知識ではなく、感覚で応えてこそ、神聖なのだ。私はそういう見た目や、手触りといった感覚のほうを大事に考えたい。そういう意味で、鬼コはどれも大手を振って〈面白い〉。

次に訪れた闇《くら》おかみ神社の鬼コも面白かった。

コンクリートの鳥居を背中でがっつり支えている（つ―㉔）。

ここも小さな神社だったが、境内の片隅に水神の祠《ほこら》があり、中を覗くと、亀に乗った味わい深い水神が見えた（つ―㉕）。

続く金木町の熊野宮では、鬼ではなく力士の鬼コを見た（つ―㉖）。米俵までぶら下がっていて通常の鳥居とはずいぶん雰囲気が違っている。

さらに丹生川上《にゅうかわかみ》神社の鬼コも力士だった。力士になると、パンツはなく、まわしなので、テレメンテイコ女史は物足りなかったかもしれないが、力士と鬼が同等というところに、民俗が滲み出ていて、これはまた別の意味で面白い。なんでもいいからパワーのあるものをのせようという、そういう意図だったのかもしれない。

このあと、われわれは海岸近くにある高山稲荷神社を訪ねた。鬼コはないが、大量の鳥居が回廊のように並ぶ庭園があるので、寄ってみることにしたのだ。

京都の伏見稲荷に代表されるような、稲荷神社の鳥居のトンネルを見ると、私は無性にそこを歩いてみたくなる。異界に誘われるような心地がして好きなのだ。以前調べてみたら、伏見稲荷だけでなく全国にあって、この高山稲荷の千本鳥居もそのひとつである。

ちなみに鳥居は、われわれには見慣れた存在だが、外国人には不思議なものに見えるらしい。それはただ外国にはない存在というだけでなく、日本にあっても周囲とそぐわない印象があるようだ。

私の好きなフランス人作家ピエール・ロチは明治時代の日本を訪れ、鳥居について次のような感想を述べている。

「根もとで拡がっている一種の円錐形の、どっしりとした二本の柱が、上の方で、水平な第一の軒縁と、それからもう少し上方では、反って、はみ出して、両端が弦月のように空中につき出ている第二の軒縁とで、接合されている。ただそれだけの話で、いささかの装飾もなければ、いささかの彫刻もない。全体は神秘でとっつきにくい。（中略）その周囲にある複雑な凝りすぎた事物とは、不思議にもまるで調子が外れている」（ピエール・ロチ著『秋の日本』村上菊一郎・吉永清訳、角川文庫、1953年）

ロチは津軽の鬼コを知らなかったようだ。しかし、鳥居が周囲とかみあってないという指摘は、われわれには新鮮である。日本独自の鳥居が、日本らしくないというのだから。

その日本ならではの日本らしくない鳥居がトンネルになっている。もう外国人には何が何やらというわけで、伏見稲荷などは外国人が選ぶ日本の観光スポットで、いつも必ずベストスリー以内に入っているのだった。

つ－㉔ 石の鬼コ

つ－㉕ 水神。亀の甲羅の形が面白い

つ－㉖ ひょうきんそうな力士の鬼コ

つ－㉗ 異界へ続く（かもしれない）鳥居のトンネル

社務所の横から階段を上り、丘の尾根筋にある本殿の前を通り過ぎて、丘の反対側に下りるとそこに庭園があった。

千本鳥居が、そこからゆるやかに坂を上るように木々の間を曲がりくねって並んでいる（つ−㉗）。

これだ、これ。トンネルを抜ければ、どこか別の世界へ紛れ込めそうな感じがいいのだ。数えながら歩いてみると、鳥居の数はだいたい200本ぐらいで、1000本ではなかったが、最後まで通り抜けてみると、その先にキツネの狛犬が何体も居並んだ一画に出て、これはこれで異世界のようだと思った。その先には祠がいくつも置き捨ててある。廃棄されたお稲荷さんの墓場みたいなものだろうか。そう思うと、少々恐ろしいようでもあったが、お稲荷さんをキツネとしてフラットに見ると、石像のなかには、いい感じのキツネが何体もいて、かわいかったのだった（つ−㉘㉙）。

ちなみに、われわれが今いる高山稲荷神社は、日本海がすぐそばだった。少し裏へ車を走らせれば七里長浜《しちりながはま》の海岸に出て石を拾うことができる。

「テレメンテイコさん、千載一遇のチャンスが来ています」

「来てないと思います」

「まだ何も具体的に言ってませんよ」

猫にしか見えないものなど、さまざまなお稲荷さんがある

「とにかく来てません」

「いいえ、来てます。こんな機会はめったにありません」

「宮田さん、五所川原の立《たち》佞武多《ねぷた》の館に行ってみたいとおっしゃってませんでしたか」

「ああ、おっしゃったかもしれない。おっしゃったけども、そんなのは1時間もあれば見られます。それより今この地でしかできないことがある気がしませんか」

「そうですね。シジミラーメン食べるとかね」

「そんなの東京でも売ってるでしょう」

「売ってないですよ」

「いいや、探せばきっとある。なかったら通販で買えばいい。そんなものより、七里長浜で石を拾うチャンスはもう二度と来ないかもしれないんですよテレメンテイコさん！」

今回の旅の最初にも宣告したが、津軽の七里長浜といえば石拾いのメッカなのだ。ここまで来て拾わないのは考えられない。

たとえテレメンテイコ女史が頑強に抵抗しようとも、この機会を逃すわけにはいかなかった。

そんな不退転の決意とともに、私は車を勝手に海へ向けた。ペーパードライバーのテレメンテイコ女史は、不満があっても私に従うしかないのである。

「じゃあ、十三湖に寄ってシジミラーメン食べるならいいでしょう」

なんで急にシジミラーメンなのか意味不明だが、旅に出ると、女史はいつも食うことばかり考えているのだった。それは逆に言えば、うまいもの食わせておけば、細かいこと言わなくなるということかもしれない。私は食い物なんかどうでもいいが、石が拾えるなら何でも食ってやろうと思う。

「宮田さん、シジミラーメンのグルメレポートしてください」

グルメレポート？

なんで急にそんな無茶ぶりをするかな。

この私に、そんなことができるわけがない。極端にうまいものと、極端にまずいもの以外、微妙な差を判別できないのが私の自慢だ。

「無理です」

「紀行エッセイなんだから、食レポは基本でしょう」

「いったいそんなこと誰が決めたんですか」

そりゃ世の中に食べるのが好きな人もいるだろうが、ご当地グルメなんか全然興味のない人間もいるのである。そういう旅があってもいいはずだ。

「シジミラーメンレポートできたら、石拾いに行ってもいいです」

「わかりましたわかりました。やりゃあいいんですね」

というわけで、十三湖である。十三湖は、津軽半島の北部にあって、良質のシジミが獲れることで有名だ。

食堂に入り、出てきたシジミラーメンは、スープがうっすらと黄色く透明で、中にどっさりシジミが入っていた。麺は細麺だった。そして食べてみた。シジミの味がきいていて、貝が嫌いな人はどうかわからないけど、おいしかったです。私は貝が好き。

「小学生ですか！　そんなんじゃ、読者はちっとも食欲をそそられませんよ」

「おいしいと言ってるじゃないですか！」

「どんなふうにおいしいんですか」

「シジミ味で、おいしいです」

「もっと他の表現できないんですか、もの書きなんだから」

「シジミの出汁がきいてます」

「同じです」

「麺はふつうでした」

「もういいです」

というわけで、無事課題をクリアし、石を拾いに行くことになった。

津軽七里長浜の石については、すでに別の本でレポートしているので深くは触れないが、今回も味わいのあるいい感じの石を拾うことができた。

気がつけば、頑固なテレメンテイコ女史も、あまりの石の素晴らしさに思わず拾っていたのであって、何人も津軽の石の魅力には逆らえないことがこの例でもわかる。また来れてよかった。ただの観光と違い、来るたびに違う石が落ちているところもナイスである。以上、青森に来て、石を拾わないなど考えられないという話であった。

鬼コをめぐりながら、とりとめのない旅をしている。

もともと鬼コをめぐることによって、深い知識や叡智に到達しようと思っているわけではないので、気が向けばあっちに寄ったりこっちに寄ったりする。

読者からすると、いったい何の話だと思うかもしれないが、何の話でもない。ただだらだら旅をしているのである。

鬼コの旅もいよいよ佳境に入り、われわれは次に訪れた五所川原市内の胸肩《むなかた》神社で山伏のような鬼コを発見した（つ－㉚）。

山伏風は初めて見た。

さらに五所川原市鶴ケ岡の八幡宮の鬼コは、顔の部分が割れて痛々しい姿になっていたが、

鬼コ、そして鬼コ

これも力士のように見える（つ-㉛）。力士は、大人気だ。

裏に回ると、テレメンテイコ女史のような興味本位のお下劣な視線から守るため、板を打ち付けてパンツが見えないようになっていた（つ-㉜）。

「テレメンテイコさん、ブロックされてますよ」

「べつにパンツが見たいわけじゃありません！」

そしてこの鶴ケ岡の八幡宮で、私はすごいものを発見した。鬼コ以上のインパクトで私の心を揺さぶるものを。

この八幡宮も例によって小さな村社だったのだが、これまで見てきた神社にはどこでも狛犬や馬や鳩の石像があって、どれもゆるいたたずまいに味わいがあった。それがこの鶴ケ岡の八幡宮では、さらに進化を遂げて、こんな感じになっていた（つ-㉝）。

つ－㉝ 鳩かもしれないし、ちがうかもしれない

つ－㉟ あふれる〈彫ってみたらこうなった〉感

つ－㊱ やや逃げ腰

つ－㉞ 鶴と亀だと推理

鳩なのかなあ。

鳩は八幡宮のシンボルである。

あと、こんな感じ（つ－㉞）。

これは鶴かなあ。3本脚だけど。

しかも何かの背中に乗っており、よく見ると『エイリアン』の幼生みたいな何かであった。

きっと亀のつもりなんだろうなあ。

さらに小さな社務所のような建物の横には、こんなものも置いてあった（つ－㉟）。

色を塗った形跡があり、それがずいぶん派手な色なのだが、これも鳩にちがいない。なぜ取り外されてしまったのかは不明だが、できる範囲で手造りしてみた感がとてもいい。拙《つたな》い出来といえば、そうかもしれないけれど、とくに意図したわけではないのに、どれもある種の領域に到達しているように見える。

それは神の領域でもなく、芸術の領域でもなく、ただそうなった領域である。作り手は面白く作ろうと狙ったわけではないだろう。凄いものを作ろうとも思わなかった。ただ、ここには鳩と鶴亀が必要と考えて作ったらそうなった。意図せざるユーモアが、そのようにして実現したのである。鶴ケ岡の八幡宮の鳩や鶴亀は、鬼コ以上に、ただそうなった感溢れる逸品である。

私はこういうゆるいものは、たいてい好きだ。

ただ、同じ〈ゆるい〉でも全国にはびこるゆるキャラは好きじゃない。ゆるキャラは、〈ゆるい＝しまりがない〉という意味ではその通りなのかもしれないが、全然愛らしくない。むしろわざとらしさが痛ましい。受けようと思ってゆるくなったものは、所詮二流、いや三流である。そうではなくて、ただそうなった。よかれと思ってやったら、技術的な限界やさまざまな支障があって結果そうなったという、自然なゆるさこそが、人を惹きつけるのである。

鬼コから少し脱線したが、鬼コ旅ももうゴールが近づいてきた。最後は、テレメンテイコ女史が今回見たなかで一番だったという、つがる市木造《きづくり》蓮花《れんげ》田《た》の天満宮にあった鬼コを紹介して終わりにしたい。

それは石造りの鳥居に張り付いていた（つ－㊱）。

「魔除けのくせに、なんかビビって腰引けてませんか」

とテレメンテイコ女史。

たしかに、威勢よく立ち塞がっているようにも見える一方で、できれば引き下がりたそうな態度にも見える。

「おうおう、やるのか。やるならやるぞ。でもやらなくてもいいぞ」

これも本来は強そうに作ろうとしたはずなんだけれども、なぜか逃げ腰になってしまったという、意図せざる巧というか、想定外の表現になっているところが出色である。

3．ワンダバ五所川原

鬼コをたくさん見ることができて満足した。

高山稲荷の千本鳥居も見たし、テレメンテイコ女史の無理難題に翻弄されながらも石を拾った。やるべきことを済ませてようやく気持ちが落ち着いたので、せっかく青森まで来ていることもあり、少し観光もしようと思う。そういうと、

「ええっ、ここまで全部観光じゃないですか」

と、テレメンテイコ女史は呆れていたが、たとえ観光でも、これは見なければいけないと心に決めていたものを見終わった時点で、体が自由になった気持ちがする。後は何を見に行こうが、何も見に行くまいが思いのままである。

この日の宿に向かう途中、われわれは五所川原の立佞武多の館に立ち寄った。

ここは立佞武多を収蔵する博物館で、立佞武多というのは、文字通り立ったねぷた、つまり五所川原ならではの縦長のねぷたのことである。

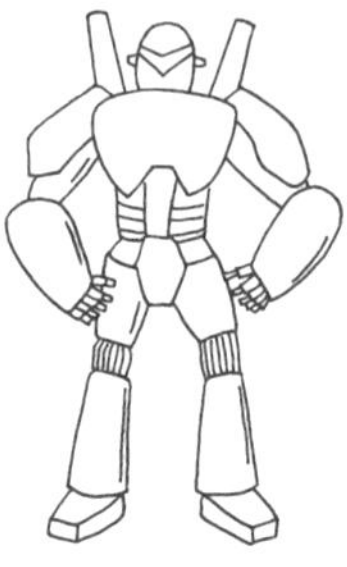

巨大ロボ

つ-㊲ 自分の寝室にひとつ欲しい

和籐内
国性爺合戦
雲漢

青森市のねぶた祭は私も見に行ったことがあるが、ねぶたの形状は横長だった。あれは電線に引っかからないように造られているからで、それでも十分な大きさと迫力があったのだが、五所川原の立佞武多は、市内道路の電線を地下埋設することによって、高さ20メートルを超えるねぷたを実現している。

そもそも私は祭りにはほぼ興味がないのだが、ねぶたは例外で、青森で見て興奮した。お囃子や踊りはどうだってよくて、張り子が光る点が重要である。あの光の世界に体ごとどっぷり入り込みたい。それが私の祭りというものへの願いだ。

その意味では、べつにねぶたでなくても、長崎のランタンフェスティバルでも、山口県柳井《やない》の金魚ちょうちん祭りでも、張り子が光ってくれさえすればそれでいい。贅沢を言わせてもらえば、その張り子が異形のものであればなおよい。神戸のルミナリエのような、ああいう平板できれいなだけのライティングは物足りない。

そう考えると、間違いなく日本で一番異形の光る張り子がねぶたであり、中でも立佞武多は、デカさ高さにおいて日本一ということは、私にとって日本一の祭りであるといっても過言ではなさそうである。

実際の祭りにいつ来られるかわからないので、せめて立佞武多の館で、立佞武多自体を見ておこう。

立佞武多の館には、実際に祭りで使われる3体の立佞武多が収蔵され、点灯された状態で拝観することができる。何度も言うように、私にお囃子や踊りは必要ないので、光る立佞武多が見られればそれで十分である。

入館すると、館内はほぼ全部が吹きぬけになっており、その巨大な空間に、3体の立佞武多が展示されていた。デカいことはわかっていたが、実際に見ると、わかっているつもりになっていただけだということがよくわかった。

立佞武多の高さは23メートル。最近は、仏像でも、奈良の大仏よりデカい100メートルぐらいのものもあるから、23メートルと聞いてもさほど大きそうに感じないが、実際に見上げてみると相当デカい（つ-㊲）。

その堂々たる姿に、私は一瞬でやられてしまった。青森のねぶたもよかったが、縦長の立佞武多は圧倒的だ。しかも驚くのは、ソフトクリームのように上部に行くほど大きくなっていることだ。仏教の世界観で宇宙の中心にそびえるとされる山、須弥山《しゅみせん》と同じ形だ。これを登っていけば天上の世界にたどりつけそうな気がする。

「すごいですね。こんなに大きいと思いませんでした」

テレメンテイコ女史も感心している。

にしても、こんなに縦長で大丈夫なのだろうか。電線に引っかからないとはいえ、バランスを崩して倒れたりしないのか。

説明によれば、中には鉄骨が組まれていて頑丈なのだそうである。台風でも来ない限り倒れ

つー㊳

ない、とスタッフの女性は言った。なるほどそれは頑丈かもしれないが、こんなに高く鉄骨組んだら、その分相当な重さなはずで、祭り当日にこれを牽《ひ》くのはかなりの力が要りそうだ。

しかしまあ私が牽くわけではないし、館内は風も吹かないし、人ごみもなく、私は安心して眺めることができた。

吹き抜けには螺旋状に廊下がついていて、エレベーターで上まであがって、そこからぐるぐると歩きながら、立佞武多の全容をなめるように見物できる仕組みになっている。まさにこういうふうに眺めたいと思っていた通りの展示方法であって、とてもうれしい。

上層階から眺める立佞武多は、これまた猛烈な迫力であった。動きもせず、音もしないのに、まるで見る者を飲み込もうとするかのような存在感（つ－㊳）。

こんなものが町じゅうを練り歩くなんて、なんて非現実的な光景だろうか。

ただ、ひとつ残念なのは、五所川原の立佞武多で20メートルを超えるものはここにある3体だけで、あとはそこまで大きくないということである。いろんなところから超巨大立佞武多が集結し、町じゅう光の巨人がウヨウヨするのかと思っていた。大型のものが何十体も出場して覇を競う青森のねぶたとは違うようだ。毎年1体が新しく作られ、古いもの1体と交代する。よってどの年も3体しか出場せず、どの巨大立佞武多も3年で廃棄されるとのこと。

本体をよく見てみると、一番ヤニ下がった表情の「陰陽梵珠北斗星《おんみょうぼんじゅほくとせい》」という立佞武多があって薄気味悪く、とても気に入ったのだが（つ－㊴）、それは3体のなかで一番古くて来年にはお役御免だそうだ。この異様な笑いをたたえた人物は安倍清明《あべのせいめい》。来年には壊されてしまうとは、実にもったいない気がした。

廃棄しないでどんどん増やし、108年後に水滸伝みたいにしたらどうなのか。もったいないもったいないとブツブツつぶやきながら螺旋状の廊下を歩き、なんて素敵な空間なのだろうと恍惚となっていると、壁に妙な表示があった。

「この橋が開きます」?

そうか。今私が歩いている廊下の一部が橋になっているのだが、お祭りのときは、これが開いて立佞武多が外に出るのだ。

か、かっこいい……。

立佞武多の館のパンフレットにも、まさにこの館から立佞武多が出てくるところの写真が載っていた。ゆるいカーブを描いた建物の壁が横にスライドし、そこにできた高さ30メートルぐらいの穴から、巨大な兵器か何かのように登場している(つ-㊵)。

その際、通路の一部が跳ね橋のように開くのだという。

しびれる。しびれすぎる。

まるで秘密基地じゃないか。

その瞬間を見たい。きっと読者も見たいだろう。

ということで、その瞬間の写真を借りたので、ここで紹介したい。

つ-㊵ かっこよすぎる発進場面（写真提供：立佞武多の館）

つ-㊴ ちょっと気持ち悪い顔がいい

これが立佞武多の発進場面である。

ワンダバダバ、ワンダバダバ、ワンダバダバダン……。

なんというワンダバ感。サンダーバードや、ウルトラ警備隊を彷彿させる。

もはや立佞武多は、秘密兵器と言っても過言ではない。巨大ロボなのである。


もう十分に来た甲斐があった今回の旅だが、このあとわれわれはさらに秋田県の男鹿半島にも立ち寄った。

なぜ男鹿半島かといえば、鬼コを見たなら、なまはげも見ておきたいと思ったからである。

もちろん季節はまだ秋だから、大晦日の行事であるなまはげはやっていない。ただ、そういう季節外の観光客のために、なまはげ館があって、なまはげの映像や仮面を見ることができる。そこに寄って、たくさんの面白い仮面を見た。

私は、なまはげはてっきり鬼だと思っていたのだが、厳密には神さまなのらしい。津軽の鬼コも神さまだったのかもしれない。

隣接する男鹿真山《おがしんざん》伝承館で、なまはげの実演を観ることができた。

民家ふうの室内に座って待っていると、不意にドカドカと扉を叩く大きな音がして、なまはげがふたり入ってきた。その場で足を踏み鳴らし、大声で威嚇する様子は、想像以上の迫力があり、大人の私でも気圧《けお》されるようであった。

なまはげの語源は、なもみをはげる、から来ているのだそうで、なもみとは、囲炉裏に当たりすぎるとできる火ダコのことらしい。それを剝ぎとる、つまり仕事もしないで囲炉裏にばかり当たっている怠け者を懲らしめるのが役目なのである。

そういえばテレメンテイコ女史は常日頃、自分の仕事は家でもできる、会社に行く必要があるのか疑問、などと囲炉裏的なことを言っているので、この問題についてなまはげの意見を聞きたいところだ。

「テレメンテイコさん、きっと連れて行かれますよ」

「何を言いますか。怠け者といえば宮田さんじゃないですか」

手を伸ばせば届くぐらいの距離に、なまはげがどかっと座る。そして家の主人役に大声で詰め寄った。なまはげの演技がとても自然で、下手な演劇を見せられるのだろうと思っていた私は、思わず身を乗り出して聞き入ってしまった。

「どらどら、なまはげの台帳見てみるが。なになに、テレビばり見で何も勉強さねし、手伝いもさねてかいであるど」

なまはげには「なまはげ台帳」というものがあって、家の者それぞれの1年の行状が、事細かに記されているのらしい。村人は、マイナンバー的に逃れられないことになってるようだ。

「なまはげさん、まんず、この餅こで御免してくなんしぇ」

なまはげと家の主人の掛け合いは、ユーモラスで耳に心地いい。秋田弁の耳触りもよくて、いつまでも聞いていたい感じがした。観光客用の実演が、こんなにも面白いとは思わなかった。最後になまはげは観光客の間を練りまわり、おおいに威嚇してから出て行った。

「九死に一生を得ましたね、テレメンテイコさん」

「それはあなたでしょう」

北東北は、実に面白い。

群馬・長野

ぐ-① 布引観音(小諸)

1. 星人＆石仏vs埴輪

近年、寄る年波がどんどん荒波になってきて、辟易《へきえき》している。

年をとってもなるべくアクティブな自分でいたいのだが、先日久しぶりに大好きなジェットコースターに乗ったら、吐きそうになった。激しい動きに内臓がついていかないのである。

もともと遊園地のアトラクションのなかで一番苦手だったのがコーヒーカップで、いっしょに乗った友だちが調子に乗ってぐるんぐるん回転させたりすると、あっという間にこみあげてきた。回転系の乗り物は若いときから鬼門だった。一方で、ジェットコースターのダイナミックな動きには何の抵抗もなく、コースが波のようになって上下に揺さぶられるところなどはむしろ爽快で、吐き気どころか、体がほぐれる癒しの場面だった。あんまりリラックスできるので、ジェットコースター＝温泉説を提唱していたぐらいだ。つまり回転はダメだが上下動は大好物というのが、私のアトラクションに対する耐性だったのである。

それなのに先日、回転ではない上下動で吐き気がした。

星人

どうも私は自分の知ってる私じゃなくなってきた気がする。

鏡を見て、だいぶ見た目がおっさんになってきたなあとは思っていたものの、どうやらおっさんをも通り過ぎて未知の領域へと踏み込みつつあるようだ。


変化は体だけにとどまらない。趣味も少しずつ変わってきている。

簡単にいうと、渋好みになってきた。

若い頃はなんでも派手で華やかなものが好きだったのが、最近はそうとも限らない。

たとえば、私は昔から人間の形をした人間でないものに惹かれる傾向があるんだけれども、好きなヒトガタの変遷を追ってみると次のようになる。

子どもの頃好きだったのは星人だ。メトロン星人やバルタン星人の星人、つまり宇宙人である。

大人になると、今度は仏像が好きになった。なかでも千手《せんじゅ》観音や馬頭《ばとう》観音、大威徳《だいいとく》明王など、思い切った形の仏像が好きだった。

そこからさらに、東南アジアの仏像やヒンドゥー教の神像、日本全国にある巨大仏も好きになった。カラフルだったり、ものすごく異形だったり、巨大だったり、いずれにしても派手な偶像に心揺さぶられた。

それが今、気がつくと野仏が好きになり始めている。

田舎の道端にひっそりとたたずむ石仏とかだ。

どれもヒトガタであることに変わりはなく、好みも徐々に変わってきたので変化は些少なものに感じられるが、最初の星人と石仏を比べてみるとその落差は歴然である。石仏めっちゃ地味。

思えば、最近は縄文式土器などにも目を見張ったりしており、縄文なんて小学校時代の自分にはまったく眼中になかった世界だから、自分の変化に戸惑うばかりだ。人間、おっさんになればなるほど歴史に興味が湧くというから、すでに相当な領域にまで踏み込んでしまった可能性がある。

これは老化だろうか。

まあ、それはそうなのだろう。

一般的に、石は人生の終着点、石に興味を持ったら枯れた証拠とさえいわれる。

だが、今はもう少し丁寧に事の真相を見極める必要があると私は思う。

石仏は一見たしかに地味ではあるが、それはただ色味がそうなだけであって、形のほうに着目すれば奇抜だったりヘンテコだったりして、面白いのである。色が足りないことを除けば、星人と変わらないワンダーがある。

さらに正確にいうなら、石仏には地味な石仏とワンダーな石仏の２種類があるのである。

ワンダーな石仏の存在を知れば、年をとっていてもいなくても、石仏好きは相当に増えるはず。

というわけで今回、ワンダー石仏を発掘すべく旅に出ることにした。

青森県で見た石仏もなかなかユーモラスだったが、それを超える石仏が見られそうな長野県に行ってみようと思う。

題して、ワンダーな石仏をめぐる若々しい旅。

石仏が気になるようになったら人生も終盤、という世の風潮を、この旅で一掃したい。


さて旅の始まりは群馬県の高崎である。

いくつか気になるスポットがあるので、長野県に行く前に寄って行く。

よおし、いざ行かん、ワンダーな石仏をめぐる若々しい旅！

と思ったら、テレメンテイコ女史が、老廃物のような顔で現れた。

仕事が忙しく、昨夜はほとんど徹夜だったそうだ。

「行く前から疲れててどうするんですか」

全然若々しくないぞ。女史は、レンタカーの助手席に座るなり、気持ちが悪いと言って寝てしまった。若々しい旅に適さない人材だったようだ。

のっけから盛り下がったが、とりあえず最初の目的地、かみつけの里へ向かうことにする。

かみつけの里は、榛名山《はるなさん》東麓にある保渡田《ほどた》古墳群の一部で歴史公園として整備されている。

そこには出土品を収蔵する博物館があり、それに隣接して復元された八幡塚《はちまんづか》古墳があってその上に埴輪《はにわ》が並べて展示してある。

最近まで知らなかったのだが、埴輪というものはもともと古墳の上に並べられていたのだそうだ。秦の始皇帝の兵馬俑《へいばよう》のように、副葬品として地中に埋められていたわけではないらしい。てっきり遺体といっしょに埋葬するものだと思っていた。

今では、そうやって上に埴輪を並べて展示している古墳が全国にふつうにあるが、昔はそんなのはなかった。古墳といえばただの土盛りであり、森になってたり濠に囲まれてたりしている地味なもので、埴輪モロ見えとは思いも寄らなかったことである。きっと今でも、埴輪は埋めるものと考えている人が多いのではないか。ここらできちんと知識をアップデートしておかないといけない。

さらに言うと、古墳は全面が石に覆われていた。ただの土盛りじゃないのである。これも意外に重要な問題だ。

どういうことかというと、今じゃたとえば仁徳《にんとく》天皇陵など、都会の中にそこだけ自然が残り豊かな生態系というかエコな扱いを受けている場合が多いが、建造当時の古墳は、むしろバリバリの人工構造物だったのであって、エコとは正反対の緑の中に突如現れる高層ビルみたいなものだったということだ。

そしてそのビルのてっぺんに埴輪が並んでいるのである。実にアミューズメントな存在感ではなかろうか。

今となってはその高層ビル感を味わうのは難しいが、埴輪の並ぶ違和感なら体験できるだろう。しかも埴輪はヒトガタの一種だから、そういうものは見てみたいと思った私である。

八幡塚古墳は、広々とした公園のなかにあった。

古代の高層ビルとは言ってみたものの、実質地上3階建てぐらいである。全体が石で白く覆われ、周囲と中層、そして上部に埴輪が茶色い縁取りのように配置されている。

近づいてみると、埴輪のほとんどは甕《かめ》型で、人や動物を模したものは少なかった。ただ濠の横の一画に人や動物の埴輪をまとめて置いてある場所があって、そこを集中的に見物。

現代人の目には、どうということもなく映るが、古代人にとっては相当にぎやかなテーマパーク感があったのではないかと思う。できれば古代人になった気分で、この高層ビルとテーマパークを味わおうとしばらく睨んでいたが、いつまでたってもワクワクしなかった。

埴輪だって、星人や石仏と同じヒトガタであるはずだが、どうも面白くない。お人形にしか見えない。

なぜだろうか。

たぶん、異形のものじゃないからだ。埴輪は兵士であり馬であり、なかにはニワトリや鹿や猪もいたが、どれも現実を模している。一方で、星人や石仏はフィクションであり、人間と同じ姿の仏がいても、それは精神世界の形象であり、あっち側の存在である。

埴輪はこっち側だから得体の知れなさがまったくない。

「これだけなんですね。もっと兵馬俑みたいに人の埴輪がいっぱいあるのかと思ってました」

テレメンテイコ女史もあまり楽しまなかったようだ。顔が依然として老廃物のようである。埴輪のほうが若々しいぐらいだった。

そんなわけで立ち寄ったはいいが、あっという間に見物終了したかみつけの里である。

以上の経験から、次のようなことが指摘できるのではないかと思う。

渋好みになったといっても、古墳や埴輪まで好きになってはいない私は、古ければ何でもいいと思うほど好みが変わったわけではない、つまり人生が終盤に向かっているわけではないと。

石仏好きは年齢とは関係のない美的センスの問題なのだ。

同じように、ヒトガタではないが、縄文式土器に惹かれるのも、その紋様が得体が知れないからである。奇抜さ、異様さに感動するのだ。岡本太郎だ。

老化ではなく、前衛化していたのである。

「宮田さん、気持ちが悪いんで寝てていいですか」

テレメンテイコ女史が、太陽の塔の背中側の顔みたいな表情で言い、助手席に乗るなりふたたび目を閉じてしまった。宮田老化説あらため宮田芸術爆発説についてもう少し語りたいが、誰も聞く人がいないようなので、次の目的地チャツボミゴケ公園に行くことにする。

2. かわいくないほうがかわいいこと

チャツボミゴケ公園は、奥草津にある小さな湿地である。

チャツボミゴケと呼ばれる苔が群生して、独特の景観をつくりあげている。その苔と石仏に何か関係があるのかというと全然ないが、何かの写真で見たらよかったので行ってみたい。テーマと関係がなくても、行程の途中に行きたい場所があれば寄るのである。

渋川からJR吾妻《あがつま》線に沿って国道353号を走り、中之条で145号線に入ると、周囲はどんどん山がちになって、上州独特の岩のそそりたつ山水画的風景に包まれていった。そそりたつ岩肌が異境感を醸し出していい感じだ。

この道を日本ロマンチック街道と呼ぶそうだ。だが、そんなカタカナで呼ぶより、山水画街道とでも呼んだほうが似合う気がする。

八ツ場《やんば》バイパスで吾妻川を越えると、正面に不思議な形の大きな岩山が見えた。

「テレメンテイコさん、面白い形の山がありますよ」

猿と蛸の綱引き

しかし女史は爆睡中で起きる気配なし。そろそろ寿命なのかもしれない。後にネットで調べるとこの岩は丸岩というらしい。やはり誰もが気になるようで、たくさんの写真がアップされていた。

その後、草津温泉へ上がり、そこからあまり車通りの多くない山道を経て、チャツボミゴケ公園へ向かった。路上に紅葉が散らかって、このあたりはもう晩秋の気配であった。

カーブが続き、その揺れでテレメンテイコ女史がようやく目を覚ましたかと思うと、あたりを見るなり、これは自分の彼氏には見せられない景色です、と妙なことを言った。

「なんでですか？　いい天気だし、気持ちいいじゃないですか」

「やつは、紅葉を見るとウツになるんです」

「紅葉でウツ？」

「空が晴れてて紅葉、っていうのは最悪のパターンです」

「意味がわかりません。むしろ気が晴れそうじゃないですか。なんで？」

晴れた日は気持ちも晴れやかになるのが人間てもんじゃないか。

「さあ。私が聞きたいです」

「紅葉を見て、冬が来るのが怖くなるとか？」

「どうなんでしょう。テレビで紅葉が映ると速攻消してますね」

そんなウツがあるとは。さっぱり理解できない。暗い霧に覆われた冬の街とか、狭い部屋のコンクリートの壁とか、そういう眺めが落ち込ませるというのならわかるけれど、晴れた日の紅葉がダメとは。紅葉が出るたびにテレビ消してたら、秋にテレビなんて見られないだろう。

背景を詳しく知りたかったが、テレメンテイコ女史にもよくわからないようだった。

「宮田さんは、どんなときにウツになるんですか」

「飛行機に乗るときですね。あとは健康診断の結果待ってるときとか」

「それ、ウツじゃなくて、ビビってるだけでしょう」

「大きなお世話です。テレメンテイコさんはどうなんですか」

「私は、剝がれかけのシールを見るとウツになります」

？？？

「よくわかりませんが」

「シールが剝がれかけてると、イイイッ、てなるんです。あとシールが濡れててもダメ」

「なんだそれ」

「なりませんか？」

「なりませんよ。シール濡れてて何が悪いんですか」

「よく卵にシール貼ってあるじゃないですか。それを割って流しの三角コーナーとかに捨ててあるでしょ。あれがもう最悪」

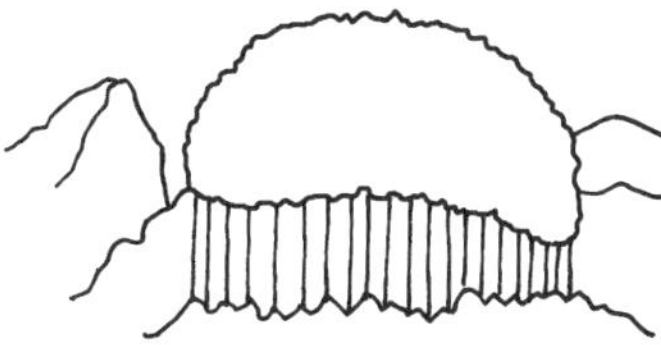

丸岩

「はあ？　さっぱりわかりません」

「ええっ？　どうして」

「こっちが聞きたいです。ナイフでガラスを引っ掻く音がイヤみたいな感じですか。どっちにしてもそれ、ウツとは違うでしょ」

「でも想像するだけで憂鬱になりますよ」

実に意味不明。シール恐怖症とでもいうのだろうか。次回からテレメンテイコ女史と旅するときはシールを持参し、私を攻撃してきたら、それを濡らして対抗しようと思う。

さて、紅葉の中を走ってたどりついたチャツボミゴケ公園は、ずいぶんと奥まった場所にあった。人の手があまり入っていない原野のようなところである。管理棟で入場料を払い、さらに奥の駐車場まで進んで車を停め、そこから渓流に沿って歩いて登る。

すでに渓流のところどころに苔が生えていた。緑濃い、いかにも苔然とした苔だ。そうそう、苔はこうでなくちゃいけない。

ひと口に苔といってもいろいろなのだ。京都の庭園などで一見美しそうに見える苔でも、近づいてみると渇いた排水溝の底のパリパリの泥みたいな感じだったりしてガッカリすることがある。そのほかにも、ミクロな針葉樹が並んだようなもっこり感に欠ける苔とか、蜘蛛の巣のように絡まって垂れ下がるちょっと汚い感じの苔とか、なんか違うんだよなあ、と言いたくなるものもある。

ぐ-② 苔はモコモコがいい

私は苔好きではあるが、苔ならなんでもいいわけではなく、やはり苔たるもの、モコモコして、まるっとして、じゅわっとしていてほしい。

その点でチャツボミゴケは、まさにこういう苔が見たかったんだ、苔はこうあるべし、とリスペクトしたくなるぐらいの、完全無欠の苔・オブ・苔であった。

遊歩道を登りきったところに窪地があり、そこがチャツボミゴケ公園のクライマックス、穴地獄と呼ばれる湧水池だった。見わたす限りすべての石に苔がついて、モコモコが溢れている（ぐ-②）。

んんん、素晴らしい。

なんでも、ここから湧き出る水が強酸性で、チャツボミゴケはそういう水を好むのだそうだ。なので、これほどチャツボミゴケが群生している場所はそうそうなく、天然記念物にも指定されている。

木道からモコモコを眺めてうっとりした。

まるで太平洋に浮かぶパラオの島々を空から眺めているようだった。あるいはミスタードーナツのポンデリングのようにも見える。まあ何であれ、苔がいいのは、結局あの柔らかそうな布団感だろう。

あの上で寝たい。

濡れるから実際に寝るなら芝生のほうがいいと思うけれども、芝生以上に布団感がある。

苔を愛でるとき、人はみな心の中で寝ているのにちがいない。

歩いて一周するのに5分もかからない小さな湧水池だが、わざわざ来た甲斐があった。

さっきまで老廃物のようだったテレメンテイコ女史も、生気を取り戻し、

「ここはいいですね」

とうれしそうである。

「そうですね。見てると実に寝たい気持ちになります」

もうどこでもいいから早く寝たい。

「それ、いつものことじゃないですか」

「何を言うか。今はとりわけ寝たいですよ。いつも以上です」

いくらも眺めていられそうであったが、しばらくいると日が傾いて寒くなってきたので車に戻った。

翌朝は、白根山《しらねさん》の霧氷（ぐ-③）を眺めつつ、国道２９２号を北へ下り、長野県中野市にある日本土人形資料館へ向かった。

なかなか石仏にたどり着かないが、途中で面白そうなところがあれば何でも寄っていく旅だからしょうがないのである。

土人形は、素焼きの人形に彩色したもので、博多人形や伏見人形が有名だ。最近は置いている家も少なくなったが、郷土玩具を売る店などにはよく飾られている。石仏ではないが、これもヒトガタである。

「宮田さん、好きなんですか土人形？」

「いや、長崎で見た古賀《こが》人形がちょっと面白かったので、他にもいい感じのものがあるんじゃないかと」

古賀人形というのは、長崎市の古賀村という場所で作られる郷土玩具で、いかにも和風な材質なのに、南蛮人をモチーフにしているところに、なんとなく気になる味わいがあった。

長崎を旅行した際、買おうと思ったら、今では製作者が減ってレアものになり、相当な値がついていてあきら

古賀人形

ぐ−③ 白根山近くの眺め。道が凍っていませんように

めたのである。なので、どこかに古賀人形に似た味わいのある土人形がないか、ここで探してみようと考えたのだった。

土人形資料館には、日本全国から集めた土人形がどっさり展示してあった。

どれも角のないまるっこい人形で、おひなさまや、お内裏《だいり》さま、大黒さまに、恵比寿さま、さらには桃太郎だの、お侍だの、ネコや干支《えと》の動物といった、日本古来のモチーフで作られているものが大半である。造形も全部よく似ていて、正直に言えば、どれもあまりキレがなく、かといってかわいさも中途半端で、テレメンテイコ女史などは、

「全然ぴんと来ないです」

と言い切っていた。

たしかに現代人にウケるかといえば厳しい気はする。私自身、ひな人形とか五月人形を家に飾りたいと思ったことは一度もない。土人形もそれと

土人形

同じで、日本の人形を飾るぐらいなら、アフリカの神像とか、アジアの仮面を飾るほうがいい気がする。

けれど、土人形の素朴でゆるい形には、かすかな可能性を感じなくもないのだ。

館内に展示されている土人形をひとつひとつ見ていったが、これと思うものはなかった。古賀人形でさえ思っていたほどの感動はなく、全体に古いものという印象が残る。

ここに展示されている土人形のモチーフはほとんどが日本古来のもので、長年にわたってかわいく作られてきたものばかりだ。それが伝統といえばそうなのだけど、こうした感じのものは見慣れすぎたせいか、私にはもうワクワクできない。ワクワクできない一方で、何か、味のあるものがここから生まれてきそうな気もするのだ。

ぐ-④ かわいくなくてかわいい軍人

不思議で奇妙な何かが。

土人形は、かわいくないものをモチーフにするほうが合うのではないだろうか。かわいくないものをどうしてもかわいくしてしまうところが土人形の魔力なので、最初からかわいいものをモチーフにすると、くどくなってしまうからだ。

たとえば、今流行りの深海魚を土人形にしたらどうか。グロテスクだからいいのではないか。いや、たとえグロテスクでも、動物はどれもかわいくデフォルメされやすいからダメだ。

では、ショベルカーとか自動販売機みたいな、生き物ですらない近代的なものはどうなのか。きっとそれももう古い。かわいくデフォルメされた商品がとっくに何か出ているにちがいない。

もっともっと徹底的にかわいくないものをモチーフにしなければならない。土人形だからこそいい感じに表現できる何かがきっとあるはずだ。

と思っていたら、こんなのがあった（ぐ-④）。

軍人。

んんん、かわいくない。

かわいくなくて、かわいい。こんなモチーフまでかわいくしてしまうところが土人形の凄さである。

展示してある中でこれが一番いいと思ったが、部屋に飾りたいかというとそんなことはなかった。

きっともっとぴったりの何かがあるはずだ。あるはずだけど思いつかない。結局ほかに表現としてややウケたのは、こんなの、

唐人

だった。
ゆるい。
ゆるいけれど、まだゴールではない。今は世の中にゆるいもの、かわいいものが次々と登場するから、昔からかわいさが売りだった土人形は大胆に変わらないと逆に不利なのかもしれない。
テレメンテイコ女史は、最後の最後まで、私にはわかりませんという顔をしていた。

3．忍者屋敷で参考になったり腹が立ったりした話

手裏剣

われわれが次に向かったのは戸隠《とがくし》である。

戸隠で見たかったのは忍者屋敷だ。

戸隠神社奥社の参道入口前に戸隠民俗館があり、そこに戸隠流忍法資料館と忍者からくり屋敷が併設されてある。私の見るところ北信濃屈指の観光スポットと言っても過言ではなく、この機会に忍法とからくり屋敷について見識を深めたい。

それにしても、石仏をめぐる若々しい旅といいながら寄り道ばかりでちっとも石仏にたどり着かない。本当に着くのだろうか。もう着かないような気がしてきた。

戸隠神社の奥社には平日というのに多くの観光客が訪れていた。太い杉木立の参道をぞろぞろ歩いている。最近の観光地はいつでもどこでも混んでますね、などと話しつつ、われわれも長い参道を歩いてお参りした。

定年退職してひまを持て余している老人ばかりかと思えば、若い人や家族連れも少なくない。

ディズニーランドなどもそうだが、今はもう平日を狙えば空いているなどという考えは通用しない時代になってしまった。

参拝した後20分ぐらい行列に並んでおみくじを買い、ふたたび長い参道を戻って忍者屋敷の一画へ向かう。忍者屋敷は一度に大勢は入れないだろうから、何時間待ちだろう、とうんざりしつつ中に入ると、客はほとんどいなかった。

ん？　もしかして点検中？

と思ったが、とくに点検はしておらず、いらっしゃいいらっしゃい、とのことだった。

おかしい。

戸隠神社であれだけ人がいたのだから忍者屋敷はビッグサンダー・マウンテンに並ぶぐらいの覚悟で来たのに、ガラガラであった。

何かが間違っている。北信濃屈指の重要スポットを見逃してどうする。みな戸隠神社のほうをラスボスだと思っているようだが、戸隠の真のラスボスは忍者からくり屋敷なのである。

「みんな忍者屋敷知らないいんですかね」

「いや、興味ないんじゃないですか」

テレメンテイコ女史が冷ややかに答えた。

「ここで見とかないと、住宅展示場にはないですよ」

「………」

「将来、家建てるときどうするんですかね」

「何言ってるのかわかりません」

昔から私は、ひまを見つけては全国の忍者建築を訪ね、自分がいつか家を建てるときに参考にしようと考えてきた。どのようなからくりがあれば生活の質が向上し、家族に優しい住まいになるか検討を重ねてきたのである。忍者屋敷はわれわれの理想の住まいであり、旅先に忍者屋敷があれば行って見識を深め、将来の家づくりに活かすのは現代人なら誰でも考えることだろう。

ところがどういうわけか住宅展示場などに行っても忍者屋敷がない。都会には24時間営業の忍者屋敷があってもよさそうなぐらいだが、ない。

それが今ここにあるのだ。めったにない忍者屋敷を見ないで、そこらじゅうにある神社だけ見て帰るのは、どう考えても優先順位がおかしい。

もうみんな生活が苦しくなって、夢のマイホームとか言ってる時代ではなくなったか。

「みんな夢をあきらめたんですかね」

テレメンテイコ女史の反応はなかった。


戸隠の忍者からくり屋敷は、滋賀県の甲賀にあるような本当に使われていた建物ではなく、出口まで自力でたどり着くのを目指す脱出アトラクション型のモデルルームであった。

テレメンテイコ女史とさっそく中に入る。

部屋のどこかに脱出口があるというのでさぐってみると、壁がどんでん返しになっていたり、押入れの奥が扉になっていたりする。そうやって次の部屋、次の部屋へと進んでいくのだが、だんだんからくりも複雑になり、がぜん面白くなっていった。

と、ある部屋でこの先どうしていいかわからなくなったおっさんに出会った。

おっさんは「ここから行けなくなってしまいました」と苦笑いしている。壁にはギブアップ用の電話があり、かけるかどうか迷っている様子だ。ギブアップはさすがにない話だ。何時間かかろうとも自力で脱出したい。

その部屋は、どの壁もどんでん返らず、床にも仕掛けがなさそうで難関だった。唯一怪しいのは床の間だろうか。おっ、こんなところにレールのようなものが、と謎に迫っていると、あとからやってきた若いカップルがさくっと見破り、次の間へ進んでいった。

おうおう。なんだよ、それ。

私はそのときすでに5分ぐらいは悩んでおり、おっさんはその前からいて音を上げていたところへ、カップルがものの30秒ぐらいで解決してしまったのである。

面白くないぞ。

先を越されたこともまあまあ面白くないが、それより何より、たとえ時間がかかっても自分で謎を解きたかったのに答えを知ってしまったのが面白くない。

係員も、前の客が出てから次の客を入れるとかしてはどうなのか。

そこでカップルはどんどん先に行ってもらうことにして、次の間からいなくなった気配を待って突入。よおし、じっくり謎を解くぞ、と思ったら、先に入っていたおっさんが「へへへ、ここも難しいですよ」と言いながら、「ここはこうです」と言って答えを教えたのである。

思わずおっさんを殴りそうになった。

答え教えてどうする。知ってるなら待ってないでさっさと先行けよ！

そんなわけで忍者からくり屋敷は十二分に楽しめなかった。あらためてチャレンジしたい気持ちはあるが、あらためたって答えは知ってるのである。つまり、もう二度とここは楽しめないということだ。

くううう。

これほど腹の立つことはなかった。

全国の、頼まれてないのに他人に答えを教える全おっさんほか、おばはんであれ子どもであれ老若男女みな隕石に当たって絶滅しますように。

からくり屋敷を出た後は戸隠流忍法資料館を見物した。

戸隠流は、木曽義仲《きそよしなか》の家臣仁科大助《にしなだいすけ》を開祖とし、その後８００余年、34代にわたって受け継がれている忍術らしい。

今の時代に忍術が何の役に立つのかなどと冷笑するのは野暮《やぼ》な話で、役に立つとか立たないとか、そのような低レベルの謗言《ぼうげん》は聞くに値しない。なぜなら忍者は今も存在するからだ。町にはいないかもしれないが、それは少年の心の中に存在するのである。

忍法資料館にはさまざまな仕掛けや道具の展示が充実していて、からくり屋敷とはまた違った意味で見応えがあった。

撒菱《まきびし》などの忍具や刀の展示が並ぶなか、とくに異彩を放っていたのは壁にかけられたたくさんの写真パネルで、忍術修行の様子を撮影したものだった。どれもモノクロで相当古びており、岩に頭を打ち付ける修行や水の上を歩く忍者の姿などが写っている。

アクロバティックなものも多く、あまりのかっこよさにできれば自分も何か忍術をひとつ体得したくなったが、できそうなものはたったひとつしかなかった。

変装の術である（ぐ－⑤）。

すぐにでも体得できそうだったが、なぜかこの術だけは必要性を感じなかった。

忍法資料館を出た後、私は隣の手裏剣《しゅりけん》道場で7回150円の手裏剣を投げたりして修行を重ねた。手裏剣は1回しか的に当たらず、そういえば、自宅でゴミ箱にゴミを投げても最近はあまり入らない。日頃から修行を怠ってはならないという戒めとして心に刻んだのである。

ぐ－⑤ 変顔の術の間違いでは？

4. 石仏は木の仏像より断然かわいい

ニコラス・ケイジ

大雲寺《だいうんじ》は当初寄る予定がなかった。

今回の旅の最終目的地は、長野県青木村と筑北《ちくほく》村の境にある修那羅《しょなら》峠で、そこに散在する石仏を見ようという計画である。ところがここに来て急にテレメンテイコ女史が、

「宮田さん、大雲寺ってご存知ですか」と聞く。

「知りません」

「ここの裏山にもいい感じの石仏があるらしいんで、寄って行きませんか。ちょうど途中なので」

ということで急遽大雲寺の裏にある霊諍山《れいじょうざん》に行くことになったのだった。

山といっても小さな丘のようなもので、大雲寺の駐車場に車を停めて、約15分も登ると着く。

ようやく話はいい感じの石仏にたどり着いた。群馬から始まって草津、中野、戸隠と全然関係ない場所をめぐりにめぐった長い旅路の果てであった。思えばなぜ石仏を見なければならな

いのかも、もはや思い出せない。

最近は物忘れがひどくなって、こないだもニコラス・ケイジの名前が出てこなかったのである。

あの妙にヤニ下がった頭の薄い無精ひげ面が頭に浮かび、

「ほら、あいつだよ。あのデレーっとした顔の、何に出てるんだっけ、ほら、何とかのマンドリンとかいうのに出てた、あの、あの俳優、ええっと誰だっけ」

とか言って全然出てこない。いつも出ないのである、ニコラス・ケイジが。

映画俳優でもたとえばトム・クルーズの名前を忘れることはない。キアヌ・リーブスも大丈夫。レオナルド・ディカプリオとか、ブルース・ウィリスもだいだいオッケー。ブラッド・ピットはたまに忘れることがあるが、それでも50％以上の確率で思い出せる。ところがニコラス・ケイジときたら、10回に1回思い出せればいいほうだ。

顔は浮かんでいるのである。顔ははっきりわかっているのに名前が出てこない。主演している映画で説明しようとするも、そもそもファンじゃないから主演映画を知らない。なんとかのマンドリンという映画で色男役で出ていたと思うが見ていない。見ていないのになぜマンドリンだけ覚えているかというと、ポスターを見てマンドリンが全然似合わねーと強い衝撃を受けた記憶があるからだ。

だいたいなぜあんなデレデレした爽やかさの欠片もない顔で人気があるのかわからない。体

ぐ-⑥ 霊諍山は歩いて登って15分ぐらい

臭も濃そうだし、口にツバ溜めてしゃべりそうだし、ヒーローにはほど遠いタイプじゃないかとか言ってると各方面から怒りのリプライがきそうだけれども、とにかく名前が全然覚えられない俳優ベストワン、ニコラス・ケイジ。

さっさと思い出して話を終わりにしたいのに、ちっとも出てこないからずっと頭の中にあの顔が浮かんで、なかなか消えないのが苦痛だ。なぜ私はそんなにもニコラス・ケイジのことを他人に伝えたいのだろうか。わからん。本当は好きなのか。

霊諍山に登ると、頂上は丸く切り開かれてお社《やしろ》と鳥居があり、その周囲に石仏が並んでいた（ぐ-⑥）。明治時代に開かれた新しい霊山で、八百万《やおよろず》の神と大国主命《おおくにぬしのみこと》が祀られてい

ぐ－⑧「奪衣婆」←口から裏返りそう

ぐ－⑦ ヤットコを持つ鬼。たぶんいいやつ

ぐ－⑩「猫」←と伝えられている

ぐ－⑨ 猫男？

る。石仏は100体ぐらいあるようだ。

石仏というのは、よほどの大きなものでない限り、ぱっと見、何が彫ってあるのかわかりにくい。色がついていないので、陰影がはっきりせず見えにくいのだ。そのメリハリのなさが、木の仏像にくらべるとスルーされやすさに繋がっているのだと考える。

だが丁寧に見ていくと面白いものがたくさんあることが、最近の私の研究でわかってきた。旅に出ると必ずといっていいほど石仏を眺め、そうしてついにある真理に到達した。その真理とはこうだ。

石仏は、木の仏像よりずっとかわいい。

世の中に石仏ファンはもっとたくさんいていいはずだが、なぜか木の仏像に比べるとそれほどでもない。辛気臭いと思われているのだろうか。

たしかに地味と言われたらそうかもしれない。地味なのは認めよう。しかし地味だからといってかわいくないとは限らないのである。

たとえば霊諍山にはこういうのがあった。

ヤットコを持った鬼（ぐ-⑦）。

ヤットコは舌を抜くための道具で、つまりこれは地獄にいる鬼だろう。本当は恐ろしいはずなのだが、いいやつに見える。最初からいいやつっぽく彫ろうとしたのか、それとも恐ろしい姿に彫ろうとしたのに技術不足でこうなったのかはわからない。いずれにしても、とてもかわいいと思うのだがどうか。

そのほかにも、これは奪衣婆《だつえば》（ぐ-⑧）。マンガのような口が面白い。これも怖い顔に彫ろうとしたけど、何かがうまくいかずにマンガのようになり、狙いとはまた違った怖さが醸し出されてしまったような感じだ。かわいいと言えなくもない。

猫（ぐ-⑨）。

もはやおとぎ話のようだが、表情がかわいい。お寺にこんな木の像はないだろう。

さらに猫（ぐ-⑩）。

なぜ猫の石仏があるのかはわからないが、丸っこくてかわいい。

このように、霊諍山はいい感じの石仏がいくつも並ぶナイスなスポットであった。

5. 修那羅峠のほっこりしない見事な石仏群

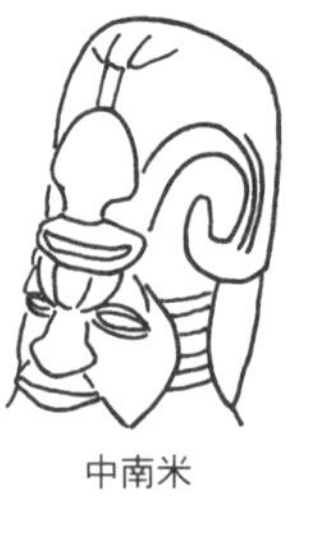
中南米

霊諍山でいい感じの石仏をいくつか見たら、われわれは田沢温泉で1泊し、翌朝いよいよ最終目的地である修那羅峠へ向かった。

埴輪から始まって苔とか土人形とか忍者屋敷とか、本筋とは全然関係ないところばかり寄り道してきたが、すべては前座のようなもので、言いたいことはここからである。

修那羅峠は、長野県の田沢温泉から千曲《ちくま》方面に少し戻った場所にある。山中に鎮座する安宮《やすみや》神社の境内に1000体以上の石神、石仏、木像が奉祀されてあり、その彫像群が一般に修那羅の石仏と呼ばれて、目下人気急上昇中である。

「ほんとに人気急上昇中なんですか?」

とテレメンテイコ女史は相変わらず懐疑の目を向けるのであるが、いつものことであるから相手にしない。女史のほうでも、いつものことなんだから相手にしないでくれると私も助かる。

狭い山道を進み、ようやくたどりついた安宮神社の駐車場は、他に車もほとんどおらず、ど

ぐ－⑪ 異世界に続いているとしか思えない

こにどう停めようと自由自在であった。

そこから森の中を数分歩く。神社はその先にあって、古色蒼然とした味わいのある風情が魅力的だった。見れば本殿のすぐ横が渡り廊下状になっていて、その下を潜れるようになっている。

鳥居がかかり、石神仏はこの奥にあると看板が出ていた（ぐ－⑪）。

んんん、なんだかいい感じではないか。どう見てもこの奥に待っているのは異世界としか考えられない。

本殿にお参りし、さっそく潜って進む。

本殿裏には、林の暗がりのなかに小さな祠《ほこら》やたくさんの石神仏が並んでいた。

1000体以上あると聞くと全部見ていられないような気がするが、修那羅峠の石神仏は造形がユーモラスなものが多いというから、ひとつひとつじっくり見ていく所存だ。

実際、さっそく面白かった。通常のお地蔵様や千手観音像などもあるが、中によくわからない像が紛れ込んでいてこれなんかは何を作ったのか謎である（ぐ-⑫）。

安宮神社では石神仏の配置図も売っていて、一応すべての像が網羅されてはいるのだが、中には「？・」としか表記されていない、神社の側でも正体不明の像が少なからず存在している。

というのも、これらの像は、安宮神社にお参りし大願成就した信者が奉納したもので、ほとんどが作者不明なのである。

そもそも全国の石神や石仏は、たいてい作者なんかわからないものであり、仮にわかったとしてもとくに有名な彫工の作であることは稀で、そのへんの人が彫ったのである。

だからこそ、そこには自由闊達さ、つまりは天然が弾けており、石神仏が面白くなる原因はそこにある。

たとえばこれなんか素人が彫ったとしか思えないが、それが逆にいい味わいに感じられる（ぐ-⑬）。

見れば見るほど下手だ。

お堂に祀る神仏がこれでは困る気がするが、野の石神、石仏はこれでもオッケーなのだ。

しかしこれは何だろう（ぐ-⑭）。

これ、違うだろ。どう見ても中南米産だろ。違うものが紛れ込んでるぞ。

いったいどういう勘違いか謎だが、そのぐらい何でもありの修那羅峠なのだ。

あまりに膨大なのですべて紹介することはできないけれど、とくに気になったものを挙げてみる。

これはアポロ地蔵（ぐ-⑮）。

ああ、アポロ地蔵ね……って知らんわ！、そんな地蔵。

私が勝手に名づけたのではない。配置図にそう書いてあるのだ。

よく見ればこの配置図、正式に神社で売っているものにもかかわらず、相当奇妙な内容である。薬師如来だの不動明王だのといった本式の神仏に混じって、鼻たれ地蔵とか、ピエロ観音とか、女学生観音なんてのも載っている。

ん？ なんだって女学生観音？ 女学生、観音、観音開き……、めっちゃ期待できるのではないか。と思ったらこれ（ぐ-⑯）。

薄いわ！ もっと濃厚濃密な観音かと思ったぞ。かなりがっくりだよ。

あと、左うちわ神って何だ（ぐ-⑰）。

しかもめっちゃ苔生えてる。のうのうと暮らしたら苔が生えたっていう教訓めいた何かだろうか。

というか、何だかわからないから見た目で名づけたとしか思えない。それでいいなら、私は次の神像（ぐ-⑱）を勝手に、ガリガリ君地蔵と名づけたい。

ぐ-⑬ 素人っぽさが逆にいい

ぐ-⑫ なんとなくアントニオ猪木のようなポージング

ぐ-⑮「アポロ地蔵」

ぐ-⑭ 中南米ふう?

ぐ－⑰「左うちわ神」

ぐ－⑯「女学生観音」

ぐ－⑲ おれのビッグなハンマーを受けてみよ

ぐ－⑱ ガリガリ君地蔵としか言いようがない

どう見てもガリガリ君地蔵と呼ぶしかない。

造形的に面白かったのは、たとえば酒泉童子《しゅせんどうじ》（ぐ-⑲）で「おれのビッグなハンマーを受けてみよ！」みたいな卑猥な像なのかと思ったら、酒樽を木槌で叩いている姿のようだ。

左うちわ神もガリガリ君もこの酒泉童子も、神仏というよりはただの日常風景なのでは？

気に入ったのはこれ（ぐ-⑳）。

とくに神像としか書かれていないが、馬のシンプルな表情と森の小人みたいな武者の姿が妙にかわいい。

なかには犬神の姿（ぐ-㉑）もあって、霊諍山には猫があったけれど、こうして動物が石に浮き彫りになっているのは、狛犬のようにその姿を完全に写したものよりかわいい気がした。

しかし、猛腰神って何だろうか。猛腰？

さらにイケメン風の猿田彦《さるたひこ》（ぐ-㉒）。

目がヒーローぽい。

他には、猪に乗る摩利支天《まりしてん》（ぐ-㉓）。よそでも見るが、これはとてもよかった。

妙に肩がシャキーンとなったお公家《くげ》さんのような神さまもいる（ぐ-㉔）。

こうした造形を見慣れてくると、木像にはない石の彫刻ならではの丸っこさが、だんだんいとおしくなってくる。どれもこれもかわいい。

１０００体以上あるという石神仏だが、気がつくとあっという間に見終わっていた。時間を忘れるぐらい面白かったということだ。

最後にひとつ紹介して修那羅峠の旅を終わりたい。

配置図にも「?」としか書かれていなかった石像（ぐ－㉕）。絶対に日本の神仏じゃないだろこれ。修那羅峠は本当に異界に通じているのかもしれない。

こうしてわれわれは本来の目的だった石仏をめぐる若々しい旅を終えた。果たして若々しかったのかどうかの判断は読者に委ねよう。委ねるけれどもだ。石仏が気になるようになったら人生も終盤という世間の偏見は断じて間違っているということを、ここであらためて強調しておきたい。

年齢は関係なくいいものはいいのだ。

とくに先の霊諍山とここ修那羅峠の石仏はいいものが多かった。

よくよく思い出してほしいのだが、世の中にはいい感じじゃない石仏というのも当然あって、どういうのかというと、いかにもな笑顔を浮かべたほっこり地蔵みたいなタイプだ。優しげに大仰な笑顔（＝目も口も半円形）を浮かべ、頭もまん丸で、横に人生訓とか書いてありそうな石仏。あれは実にダメである。

ああいう石仏は、一見ユーモラスさを装っている点で今回見た石神や石仏と相通じるものがありそうに思うが、その正体はまったく違う。あれは真のユーモラスではなく、庭先に置いてあるリスの彫り物とか7人の小人の人形ぐらい表面的で、商業ベースの像なのである。

ぐ－㉑「猛腰神」←ただの犬では？

ぐ－⑳ いいと思った神像

ぐ－㉓ まろやかなタッチがかわいい

ぐ－㉒ イケメンふう

ぐ－㉕ 怖すぎる

ぐ－㉔ 肩シャキーン！

ぐ－㉖ 面白いものはさりげなく風景の中に紛れている

実は霊諍山にはそういう石仏も何体か置いてあって、テレメンテイコ女史がぺっぺっと唾を吐きかけながら蹴り倒していた（ウソ）。まあ蹴ってはいないけども、ダメ出ししていた。

そんなテレメンテイコ女史に

「修那羅峠はどうでしたか」

と尋ねると、

「ここはよかったです」

と納得の表情を浮かべていたから、テレメンＯＫが出るぐらい、そのぐらいレベルが高かったということだ。あちこち回った今回の旅でもテレメンＯＫが出たのは、ほかにチャツボミゴケ公園ぐらいである。

そういうわけで長く気を持たせた石仏の話はこれで終わりで、このあとわれわれは、余った時間を利用して小諸にある釈尊寺《しゃくそんじ》の布引《ぬのびき》観音を見物に行った。

するとここが、ついでに寄っただけだったのに案外ダイナミックな風景が見られて、よかったのだった（ぐー①）。どこであれ隙あらば寄ってみるものだ。

そしてここでもナイスな石仏が発見された（ぐー㉖）。石仏がいいのは、どこにでも見つかることだ。

一番左の奪衣婆の靴底みたいな変な顔と赤い毛糸の帽子の取り合わせがとってもキュート。

それに対し隣の閻魔《えんま》さまは微妙である。７人の小人のなかに紛れ込んでいたとしても、さほど違和感のなさそうな笑顔。もっとわかりやすく言えば、横に「ほっこり」と書いてあったら似合いそうなタイプ。

この「ほっこり」センサーに引っかかるような石仏は、テレメンテイコ女史に蹴り倒されないよう注意が必要である。

京都

どこで撮影したのか記憶にない

二条陣屋が私を呼ぶ

前回、長野県の旅で日本屈指のパワースポット戸隠《とがくし》を訪れ、本当の自分を見つめ直した。そんなふうに見えなかったかもしれないが、そうなのである。

戸隠という土地には何か考えさせるものがあった。

慌ただしく流されていく東京での日々。自分は大切な何かを見失っているのではないか。そんなことを思った。

そうして私は、もう何年も仕事場と家を往復するだけの単調な人生を過ごしていたことに気づいて、愕然としたのである。このままでいいのだろうか。よくないだろう。

ああ、私は、本当に大切なことをすっかり忘れていた。今こそ初心に帰って、夢を、そして自分の人生を取り戻さなければならない。

今こそ思い起こそう、自分にとって本当に大切なもの。

それは、忍者屋敷だ。

金閣寺

子どもの頃あんな迷路みたいな家に住みたいと胸に誓った。あのときの気持ちを、戸隠にあった忍者屋敷が甦らせたのである。

さすが日本屈指のパワースポット。

ただ残念なことに、戸隠の忍者屋敷は、遊園地のアトラクションみたいだった。面白かったけれども実用的ではなかった。厳密に言うとあれは忍者屋敷ではなく、脱出ゲーム屋敷だ。自分の家がそんな脱出しにくい家だったら困る。真ん中あたりの部屋にいるときに火事に見舞われたらどうするのか。いちいちカラクリを見破りながら逃げていては、途中で燃えかすになってしまう。

そうではなく、自分の家は、どこにいても侵入者に気づかれずに自由自在に移動でき、ある部屋から脱出するのに5通りの道があるぐらいの融通無碍《むげ》、臨機応変の忍者屋敷でなければならない。

そう信じる私は、実はこれまでにも日本国内に存在するいくつかのカラクリ屋敷を訪ね歩いてきたが、真に納得のいくものはなかった。

全国にある忍者屋敷は、たいていの場合、戸隠と同様、近年になって作られたアトラクション施設であり、実際に忍者が使用していた本物は甲賀の忍者屋敷しかない。

その甲賀の忍者屋敷を訪ねてみるとこれが意外にシンプルな作りで、仕掛けも3つか4つあった程度で、なんだか拍子抜けしたのだった。それは期待していたイメージとあまりにかけ離れていた。子どもの頃夢見た忍者屋敷はこんなんじゃない。そう思ったが、本物とは案外そういうものかもしれなかった。

ただ、納得のいくカラクリ屋敷がまったくなかったわけではない。金沢の妙立寺《みょうりゅうじ》には感動した。

忍者寺の異名を持つ妙立寺だが、実際には忍者の屋敷ではなく、加賀前田家の出城であったとされる。ここは外見は2階建てながら内部は7層におよび、そこここに落とし穴だの、隠し階段だの、無数の仕掛けが施され、実に豪勢なカラクリ屋敷になっていた。とある部屋でガイドの女性がこの部屋には出入り口が5つありますと言って、壁はひっくり返るわ、押し入れの中に秘密の階段があるわ、これでもかこれでもかとカラクリが繰り出されたときには思わず興奮してしまった。別の部屋では床の間の富士山が穴になって通り抜けられたりもして、ここはもう忍者屋敷うんぬんのレベルではなく、わが国史上最高の建築物だと思ったのである。

小さい子どもは落とし穴に落ちたり迷子になったりするから入館できないという規則があることからもその凄さがわかる。ガイドの女性ですら、全体の3分の2ぐらいの部屋しか把握できてないと言っていた。

私の知る限り日本に妙立寺を超えるカラクリ建築はない。

そのほかでは、ノンフィクション作家の鈴木遥さんが著書『ミドリさんとカラクリ屋敷』（集英社、2011年）で紹介した不思議な家を見せてもらいに行ったことがある。残念ながら取り壊される寸前だったが、秘密の通路あり、隠し部屋あり、天井裏の抜け道ありと、まさに本物のカラクリ屋敷で、いったいこの現代にこんなカラクリが必要なのか首をかしげると同時に、本気でこんな家を作る人がいたことに感動した。遊び心で作ったのではなく本気だったというから凄い。

私もそれに負けないカラクリ屋敷をいつか建ててみたい。

さて、前置きが長くなった。

そんなふうに全国のカラクリ屋敷や、カラクリとまではいかなくても内部が迷路のようになった温泉旅館を日々チェックしている私だが、ここにもう1か所、じっくり見物しておきたい建物がある。

京都の二条陣屋である。

以前見物したらカラクリ満載で面白かった記憶があるのだが、かなり昔のことで細かいところは忘れてしまっていた。できれば今一度訪ねて堪能したい。

「テレメンテイコさん、二条陣屋知ってますか」

「知りません」

「それはいけません。京都で1、2位を争う見どころです。二条陣屋を見ずして京都を語ることも忍者屋敷を語ることもできません」

「忍者屋敷語れなくて結構です」

　ということで、二条城のすぐそばの狭い通りにやってきた。二条陣屋はなんでもない通りにさりげなく建っている。

　徳川時代に、京都における大名の宿泊所として利用された2階建ての住宅で、京町屋の例にもれず奥行は深いが間口は狭い。そうでなくてもすっかり周囲の住宅に埋もれて目立たなくなっているため、ここがそんな重大な屋敷だとは外から見ただけでは想像できない。

　内部を見学するには、ツアーに参加しなければならないことになっていた。写真撮影も禁止なので、今回は写真なしでレポートする。

　展示してあった平面図によれば、この建物は大雑把にいうと、音符の形をしているようだ。おたまじゃくしの黒丸部分が路地に面しており、見物客はそこから入るが、カラクリが集中しているのは、音符の上部、棒の部分と翻るペロンてなってる部分である。

　黒丸から音符の棒の部分にあたる廊下を進むと、右手に二間続きの部屋と、左に庭園が現れた。これがどんな庭園だったか説明しようと思うものの、なぜかまったく思い出せない。

　ここでは建物の防火設備について説明を受けたが、それもほとんど思い出せない。庭園とか防火対策なんぞどうでもよかったからだ。

　ただ、敷地の中に井戸が12か所もあったのには驚いた。火が出たと思ったらすぐその場に井戸があるという便利さである。しかもそのうちのどれかとどれかの井戸は中で繋がっているとも言っていて、それは汲み続けても枯れない工夫なのだそうだ。長方形の井戸があって、火事などの際、貴重な品を唐櫃《からびつ》に入れて沈められるようになっているとも教えられた。

なるほどそれはよく考えた、グッジョブと思ったけれども、グッジョブとは言えない。井戸といえば当然秘密の横穴があって、どこか遠くのお堂などに通じているのでなければならない。

二条陣屋はだいたいこんな形

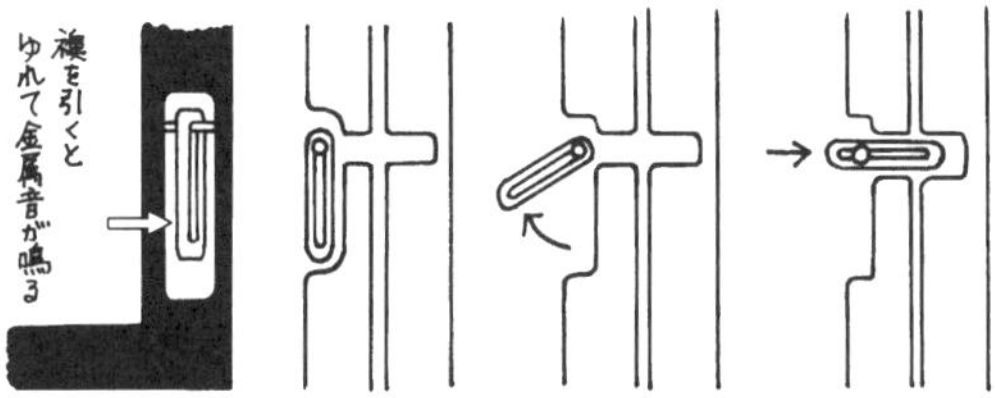

鍵のしくみ

庭園を望む二間続きの部屋は、大広間とお能の間だ。お能の間は敢えて音が響くように床下に甕《かめ》を設置してあったり、障子が化粧格子に早変わりしたり、床の間が取り外せるようになっているなどの工夫がなされていたが、お能がどれだけいい感じに盛りあがろうが忍者的には余談である。

ここでよかったのは、お能の間と大広間を隔てる襖《ふすま》だ。鍵がかかる仕組みになっていて、その鍵が襖を開いたときには音をたて、就寝中でも侵入者があれば知らせる仕組みになっていた。

おう、それそれ。そういうやつだよ。

そしてここから二条陣屋の本領が怒涛のように発揮されはじめた。

大広間に天窓があって、一見、換気と採光用と見せているが、実は2階の武者溜まりに通じているそうだ。2階には狭い武者溜まりがあって、大広間の殿様に危機が及ぶと天窓から武者が飛び降りてくるという。しかも音が大広間に漏れないよう、武者溜まりの床は二重になっているとのこと。

素晴らしい！

また大広間横には二重の廊下、つまり2列並行する廊下があり、これは敵に知られずに移動したり、警護の者が殿様に合わせて移動するためのものだそうだ。途中には吹き抜けがあって、そこを利用して2階から1階に下りたり、逆に上がったりできる。そのほかにも別の廊下には天井に釣り階段があって、いざというときは引き下して2階に上がることができる。

お能がどうとか言いだしたときはどうなることかと思ったが、このへんまでくると私はもうすっかり二条陣屋にノックアウトされていた。こういうのを待っていたのだ。

さらに2階にもカラクリがある。

茶室には屋上へ上がる隠し階段。別の階段上には天袋のようなものがあり、中がL字型になっていて隠れることができる。敵が戸を引いても、その戸がそのまま蓋のような役割をして、隠れていることを悟らせない仕組みだ。

廊下の暗がりにある階段は引き板がついていて、上部を隠すことができる。逃げるときはその板を少し引き出しておけば、追手は階段を降りようとして踏み外すことになる。

ブラボー！

ブラボーとしか言いようがない。

ワラナイス忍者屋敷イティーズ！

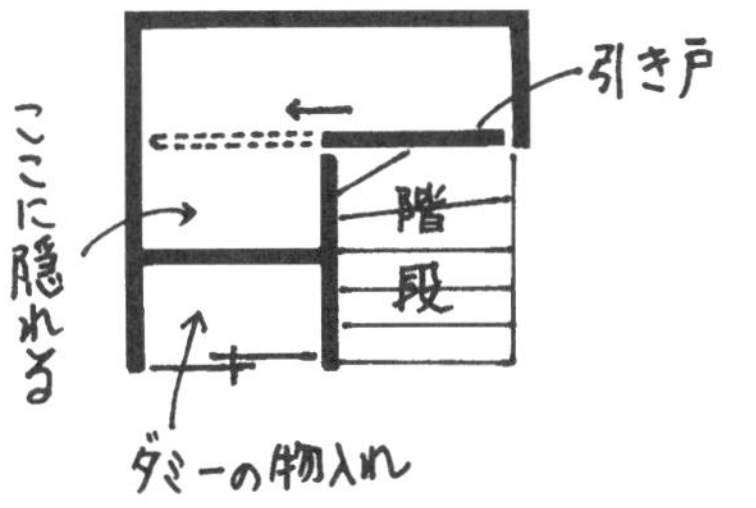

階段上天袋平面図

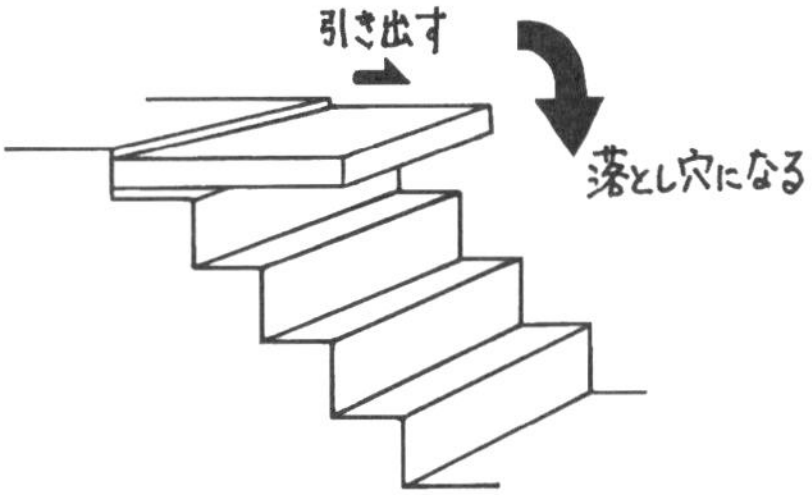

落とし階段

って、私の中のガイジンも大喜びだ。

そう、忍者屋敷は心のガイジンで見るといいのである。もっといえば、日本を旅行するときはどこであれ心のガイジンで見ると面白いのだが、それについてはいずれ別の機会に説明する。

最後に風呂とトイレも見物したところ、トイレの金隠しのような手すり部分が実は前ではなく後ろ側で、

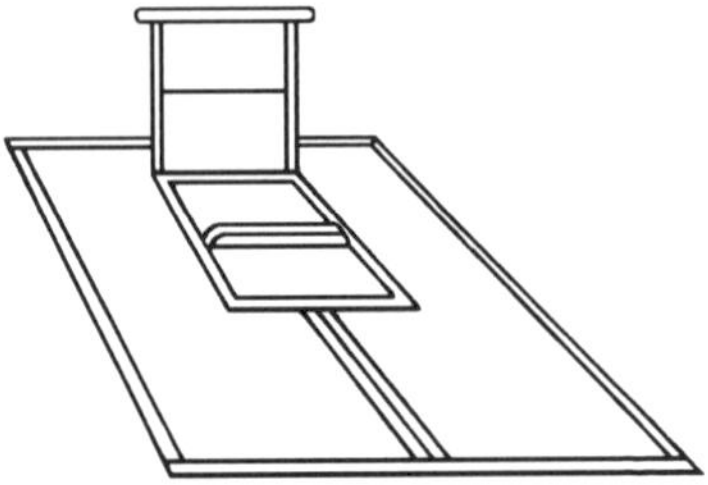
トイレ

羽織を掛けるためのものだというのが意外だった。

これも驚いたといえば少し驚いたが、忍者的には蛇足である。忍者は畳の上でうんこしたりしない。

そのほかふつうの本陣にはない湯殿の設備があって、白タイル張りの豪勢な浴槽や、湯船にいながらにして湯加減を調整できる仕組みなど、当時は画期的だったものをいろいろ見せてくれたが、果たして湯加減が何だろうか。忍者はのんびり風呂なんか入ってる場合ではない。

忍者屋敷なら忍者屋敷らしく、もっと冒険活劇的な方面で努力すべきだ。

そういえば二条陣屋は忍者屋敷じゃなかったような気がするけども、ここまでくれば同じようなものだから、できるだけ忍者屋敷らしくあるべきだ。

見学を終えるとテレメンテイコ女史も満足そうであった。

「面白かったです」

と言って、忍者屋敷にまったく興味のなかった女史をして満足させるとは、さすが二条陣屋というべきだろう。

そういうわけで全日本忍者屋敷選手権、現段階で、

1位　妙立寺
2位　二条陣屋
と決まった。3位はまだない。
ふるってのご応募をお待ちしている。

大阪

待合席あります
どうぞお入りください
占
風水・家相・吉方
開店・職業・病気
結婚・相性・離婚
・開運ブレスレットあります
本日の鑑定士
花望
命名
赤ちゃん
タロット占い

石切神社参道

岩窟めぐりでパッとする人生を手に入れたのかもしれない話

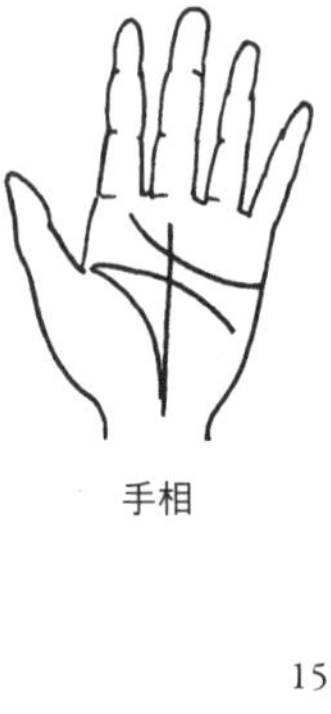

手相

何かとパッとしない日々が続いている。

というか、人生はたいていパッとしない日々の連続だ。なぜパッとしないかというと答えは簡単で、冒険していないからである。冒険していないとき、人はパッとしない。

しかし、生活を営む都合上、一般庶民はそうそう冒険してもいられない。それどころか昨今は今日を生き延びることが冒険になっているというか、銀行預金残高をチェックするだけで気分は大冒険になってきた。そういうんじゃないんだ。そんなの真の冒険じゃない。これほどパッとしない日常があるだろうか。

それで思い立ってパワースポットに行ってみることにした。パワースポットに行ったぐらいで人生がパッとするようになるとは思わないが、ちょうど行ってみたいと思っていた場所があるので、ものは試しである。

行ってみたかったのは、大阪府交野《かたの》市にある磐船《いわふね》神社だ。

片田舎の小さな神社であるが、このところ俄然注目度がアップしている。境内にある岩窟めぐりがすごいらしいのだ。

岩窟めぐりは、岩穴の中をめぐる修行の一種である。いったん大地にのまれふたたび地上に出てくることで象徴的に生まれ変わるわけである。似たものは全国にあるが、磐船神社はネットで検索してみると巨岩がゴロゴロ積み重なっていて、格段に迫力があるようだ。

「岩窟めぐりで生まれ変わりましょう、テレメンテイコさん」

例によってテレメンテイコ女史に声をかけた。本人に確認したわけではないが、テレメンテイコ女史もできればこんな人生さっさと捨てて生まれ変わりたいと思っているはずだ。はたから見てもそのほうがいいように思う。少なくともあの全地球凍結スノーボールアースのような冷酷無比な心は入れ替えなければならない。

「んー、ちょっと不安です」

「どうしてですか」

「事故があって一時閉鎖されていたとか書いてありますよ」

「写真見るとそんなに厳しい感じじゃなさそうですけど」

「んー」

世の中、悪いやつほど生まれ変わることに抵抗するものである。ここは無理にでも連れて行きたい。このまま放置すると世のためにならない。

そうしてテレメンテイコ女史をなんとか説得し、冬のある晴れた日、われわれは近鉄の生駒《いこま》駅からバスに乗って終点の北田原へ向かったのである。

巨岩がゴロゴロというから、どんな山奥かと思ったら、バスはのどかな田園風景の中を走っていく。実に何もない。

「関西は都会を出るとすぐ田舎なんですね」

テレメンテイコ女史が言ったが、首都圏以外はどこもだいたいそんなもんじゃなかろうか。

終点に向けだんだん盛り上がってくるのかと思ったら、むしろどんどん盛り下がってきた。到着した北田原などはなぜここにバス停を作ったのか理解に苦しむ寂れっぷりであった。

磐船神社まではここから徒歩で約10分。どうせなら神社まで走らせてくれればいいのに、なぜここで終わるか。こんな何もない場所で。

地図を見ると、このあたりは奈良県生駒市と大阪府四条《しじょう》畷《なわて》市、そして大阪府交野市の3つの市の境界になっている。われわれが乗ってきた奈良交通のバスは大阪府に入れなかったのかもしれない。行政区が違うと許認可が面倒なのだろうか。磐船神社を経由して少し先の京阪私市《きさいち》駅まで走らせればもっと使い出のあるバスになるものを、なんだかもったいない気がした。

バスを降り、撤退したコンビニの跡と、唐突に1軒だけそびえるラブホテルの前をとぼとぼ歩いていく。

「昔、ホテルの看板に休憩何千円て書いてあるのを見て、疲れたおじさんやおばさんがむくんだ脚を休めるのかと思ってました」

「はあ」

「だって他にいったいどんな休憩があるというんですか、テレメンテイコさん」

「……」

「休憩とかいって全然休憩してないんじゃないですか。どうなんですか」

「さっさと歩きなさい」

道は森の中に入っていき、大きな暗渠《あんきょ》が口を開けた川を渡ると、その裏手が磐船神社であった。話題になっているわりにはずいぶんこじんまりした神社である。森の木立の中に静かにたたずんでいる。

さっそく社務所で岩窟めぐりの申込みをすると、

「そんな靴で行くんですか」

と社務所の女性にチェックされた。見ればテレメンテイコ女史の靴がこんな感じだった。

こらこら、入る気ないだろ、テレメンテイコ。

事故があって以来、2人以上でなければ入窟禁止になったそうで、だとするとテレメンテイコ女史が入れなければ私も入れないことに

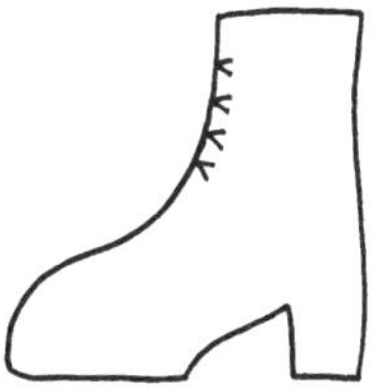

はなからやる気ないテレメンテイコ女史の靴

なる。勘弁してくださいテレメンテイコさん、とつっこみそうになったところへ、社務所の女性が靴を貸してくれた。そういう人のために神社のほうでも用意してあるのだ。よかったよかった。

まずはお参りを済ませ、境内の脇にある入口へ向かう。

扉に張り紙があり、いくつかの禁止事項が書いてあった。ひとりで入らないことの他、妊娠者・酒気帯びの方禁止、財布や携帯の持ち込み禁止（落とした場合回収できない）などなど。

「宮田さん、嘘つきはダメって書いてますよ」

「誰が嘘つきですか！」

ま、身に覚えがないこともないが、今現在とくにやましいことはないぞ。

というわけで、赤い扉を開けて中へ突入した。

入るとさっそく岩の下へ降りるように階段があった。そのあとさらに岩と岩の間の狭い隙間を降りていく。洞窟があるわけではなく、大きな岩が互いにつっかえて、隙間だらけに積まれているその間を行くのである。隙間はそこらじゅうにあり、その中から適宜選んで巡回できるよう道をつけたわけだ。

橋を渡り、さらに下へ下へと降りていった。

狭いところも多いが、部屋のような空間もあり、なんというかとってもランダムである。白い矢印で順路を示してくれていなければ、どっちへ行っていいかわからなかっただろう。

それにしても、岩は偶然今の形に組み合わさっているだけで、地震でも起きれば簡単に崩れるのではなかろうか。

もしそうなったら、われわれは一巻の終わりだろう。どうか今、地震や地滑りが起きませんように。せめて私だけでも無事でありますように。あとテレメンテイコ女史がぜひとも生まれ変わりますように。

だが通路自体に難しいところはないようだった。

背が低いテレメンテイコ女史でも、

「すみません。足が届かないのでちょっと待ってもらっていいですか」

とか言いながら、自力で乗り越えていく。

途中、竜神さまの祠《ほこら》にお参りし、やがて通路は上向きになって、だんだん盛り上がってきたと思ったら外に出た。

外？

「え、これで終わり？」

「終わりみたいですね」

これからと思っていたら、予想外に短かかった。そのうちスリリングなポイントが出てくるだろうと思っていたのにもう終わってしまった。なんだか手応えがない。

これで本当に生まれ変わったのだろうか。パッとしない日常を脱出することができたのだろうか。

入り口。ここから先は撮影禁止

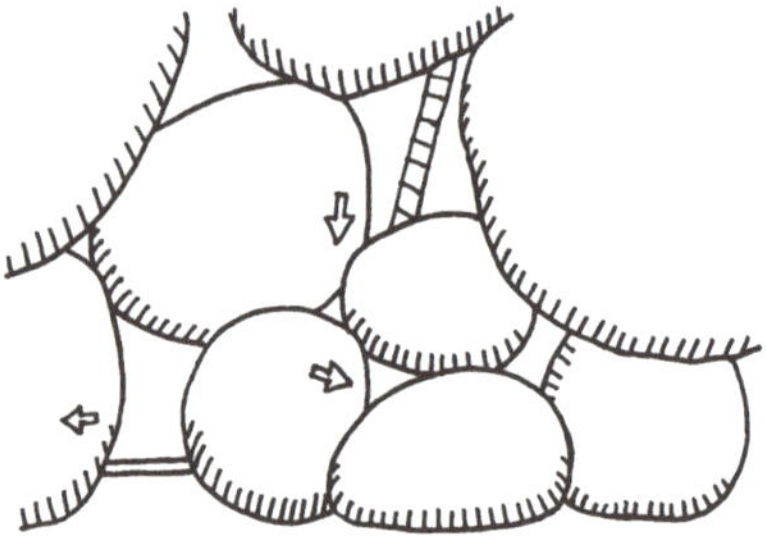

岩窟めぐりイメージ図

テレメンテイコ女史の顔を確認すると、とくに生まれ変わってなかった。どこをどう見ても厳然たるおばさんのままである。顔に刻まれた皺《しわ》といい、肌の艶のなさといい、まるで何千年も変わらぬ地層のようだ。

「テレメンテイコさん、全然若返ってませんよ。皺ひとつ減ってない」

「絞め殺されたいですか、宮田さん」

ま、岩窟をめぐったぐらいで実際に生まれ変わるなんてことはありえないのはわかっていたが、目に見えない部分、すなわち運気面はリフレッシュされたのかどうなのか。問題はそっちである。

そこで新しい未来を占うべく、磐船神社から近い生駒山西麓にある石切《いしきり》神社へ行ってみることにした。

石切神社は『延喜式《えんぎしき》』にもその名が残る古い神社で、ガイドブックには「でんぼ（腫れ物）の神様」と書かれているが、現在はそれよりも占いで有名である。参道に占いの店がどかどか並んでいるのだ。

実は私も6～7年前に来て、占ってもらったことがある。せっかく来たからとテキトーに店に入ってみたら、あろうことか結果は最悪で、40代後半から人生どん底、とくに50代の7年間ぐらいは超最悪、ふたたび運気が上向くのは70過ぎであろう、と言われたのだった。なんじゃそりゃ。

当時私は40代半ば、50代といえばまさにこれからであった。たかが占いとはいえ、そんなに言われたら凹《へこ》むわ。

以来、私はそのときのことが時々フラッシュバックしては、地獄の50代に戦々恐々としているのである。

なので今回は、その同じ石切神社で、果たしてこの忌まわしい運勢がリセットされたかどうか確認してみたい。

近鉄石切駅から石切神社への参道は、山すそを下っていく。下る参道というのも珍しいが、電車の駅が上にできたので、自然にそうなったのだろう。

平日だったせいか参道は空いていた。両側には婦人服を売る店や、漢方薬の店、お菓子屋などに交じって、結婚相談や占いの看板が多く見受けられる。全体にひと昔もふた昔も前の昭和の香り漂う商店街だが、逆にそれが味わいでもあった。

たくさんある占いの店のなかからどういう基準で選ぼうか迷いながら下って行くと、道端に大仏があった。高さ6メートル。日本で3番目の大仏と書いてある。おお、これが日本三大仏のひとつかあ！　ってそんなのは全国に無数にあるのでスルー。今どき高さ6メートルじゃ100番目ぐらいではないだろうか。

このへんから占いの看板がますます増えてきた。どうにも選べないので、占い師の顔を見て決めることにする。根拠はないが、派手でベラベラしゃべる人より、地味で真面目そうな人のほうがいい気がした。今回は私の後半生がかかっているので、雑な人に占ってもらうわけにはいかないのだ。

そうして私はとある店に目をとめた。そこはガラス張りの小さなブースになっていて、中に母親ぐらいの年恰好で、服装は地味だけど端正な顔立ちの女性が座っていた。前を通りがかると、いらっしゃい、どうぞどうぞ、とか声をかけてくる占い師もいるなか、その人は生真面目な表情のまま外を気にするでもなく、ただ黙っていた。

この人にしよう、と直感で思ったのである。こういうのは深く考えず、直感で決めることが大切だ。

占ってもらうのは四柱推命《しちゅうすいめい》。

前回けちょんけちょんだったときも四柱推命だった。四柱推命は誕生日で占うので、誰に占ってもらおうと結果は同じ可能性がある。だが、違う占いでいい結果が出ても逃げたようで面白くない。ここはきっちり同じタイプで勝負したい。

占い師は私の誕生日を聞き、何か表のようなものにいろいろと書きこんだら、さっそく言った。

「反骨精神がありますね。自分のやりたいようにやりたい。でも人前には出たくない。あと神経質」

いきなり正解である。人前に出たくないというのが、まさにドンピシャだ。

「やりたくない仕事への対応能力がない」

う……それはまさにサラリーマン時代の上司に指摘されていたこと。

「去年、争いごとがあったはず」

すごい。実は去年裁判があった。

「疲れやすいですね」

はい。

というわけでのっけからズバズバ当てられていった。

まあ、私の運勢など読者は知ったこっちゃないだろうから気をもたせずに結論をいうと、今回の結果は前回とずいぶん違ったのだった。少なくとも「50代の7年間は地獄を見るであろう」というようなことは言われなかったし、むしろ「3年後に仕事でうまいこといくだろう」と言われ、「一見50代から70代まで運勢はよくないようだが、あなたに足りない火の気が入ってるから、これはいい運気」とまで宣告され、火の気が入ってるって何だかよくわからないけれども、まあ、いい運気ならよっしゃよっしゃ。

同じ誕生日で占ったのに、前回とは結果が逆転するとは意外だ。これはつまり磐船神社で生まれ変わったということかもしれない。今日が私の新しい誕生日なのかもしれない。

おお、こんにちは、新しい私！

岩窟めぐりは効果があったのではないか。

ひとつ問題があるとすれば、金運は薄いと断言されたことだ。「たとえ儲かっても出ていくでしょう。全然貯まりません」とのこと、その点依然として面白くなかったものの、7年地獄に比べればたいしたことはない。

テレメンテイコ女史も占ってもらい、詳しくは聞かなかったけれども、家族運が薄いと言われていたようだった。誰に対しても薄情な性格だからにちがいない。自業自得というやつである。女史も今回の岩窟めぐりで生まれ変わっていることを期待したい。

やや駆け足になったけれども、この日私は生まれ変わり、まずまずの運気を手に入れたのであった。明日からはパッとする毎日がやってくるだろう。

で、その後自宅に帰って1か月余り後にこの原稿を書いているわけだが、とくに今のところまだパッとしないのは、運気のほうのシステムに一時的な障害が出ているせいと思われる。復旧作業が完了すれば、私はみるみるうちにパッとすることになるだろう。ひょっとしてロト7とか当たったりするのではないか。でもお金は貯まらないと言ってたから、その金は豪遊して湯水のごとく使い切るのかもしれない。どっちにしてもめでたしめでたし。

四国横断

し-① 仁淀川町桜地区

1．世界の終わりとハードボイルド・ビニール袋

ぎっくり腰

徳島へ向かうため、新幹線で岡山まで来て高松行に乗り換えようとしたところで、嫌なニュースが入ってきた。

瀬戸大橋線が強風により運転を見合わせているという。

いつ動くかはわからないとのことだった。

普段なら、そんなもんただ時間をつぶして待っていればいいので気にすることもないのだが、今回は事情が違った。

腰がとても痛い。

仕事がら腰痛には慣れているが、今回の痛いはそういう通常の痛いではなく、下手な動きをすると一瞬で世界の終わりがやってきそうな、つまりはぎっくり腰寸前の痛いなのであった。

出発前はそれほど深刻ではなかった。重い荷物もなんとか持てたし、階段の上り下りも自由自在だった。

それが岡山まで延々と座っていたことで症状が悪化、世界の残り時間を示す終末時計にたとえると、23時57分ぐらいまで針が進んでしまった。ときどき立って歩いたりして注意はしていたのだが、もはや風前の灯、もう立っていても座っていても、歩いていたって危ない感じだ。横になるしかこの危機を乗り切る術はなさそうである。

ここでぎっくり腰になるわけにはいかなかった。

旅はまだはじまってもいないうえ、なにより最初に訪れるスポットで、ぎっくり腰では絶対に対処できないミッションが待っているのだ。

その名は、穴禅定《あなぜんじょう》。

四国霊場番外札所のひとつ慈眼寺《じげんじ》にある修行の場で、めちゃめちゃ狭い鍾乳洞の中を、体をひねったり這いつくばったりしながら往復1時間以上も進まないといけない。太った人は最初からお断りというシビアな条件もさることながら、穴を通り抜けるために相当アクロバティックな体勢が求められるというから本格的だ。ただ見物するだけの観光とはわけが違うのである。

計画を立てたときは腰はピンピンしていて、まさかこんな状態になるとは思いも寄らなかった。それが直前になってこんな痛みに襲われるとは。

さっさと今夜の宿にチェックインして横になりたい。それ以外にこの危機をやり過ごす術はない。

それなのに、強風により運転見合わせ。

穴禅定イメージ図

瀬戸大橋だから振り替え輸送というわけにもいかなかった。船にしたってバスにしたって運転を見合わせているはずだ。

どうにも進めないと思うと、その進めないという精神的な窮屈さがさらに体を固くするようだった。それがますますぎっくり腰へのプレシャーを高めていく。

とにかくじっとしていてはだめだ。常に前進し続けていないと、世界の終わりに飲み込まれてしまう。私は瀬戸大橋手前の児島《こじま》駅まで行って風待ちするという列車に飛び乗った。

車内は東京の通勤電車のように満員だったが仕方がない。

足元に置いた自分の荷物のせいでまっすぐに立つことができなかった。体が少し斜めになってしまう。これもまた腰によくない体勢であった。直したいのだがちょうどいい位置に足の踏み場がなく、このまま児島まで辛抱するしかなさそうである。瀬戸大橋までどのぐらい遠いのか知らないが、一刻も早く進んでくれることを祈るしかなかった。

と思ったら、この電車もちっとも進まなかったのである。ダイヤが乱れているせいで、駅でもなんでもないところで停止。

ううう……こんな場所で。

いよいよやばい感じがしてきた。

ぎっくり腰がこれほど精神の自由を求めるものだとは予想外のことであった。ずっとこのまま待たなければならないというプレッシャーがますます私を追い詰める。腰と精神は深く連動しているようだ。せめて新幹線のときのように歩き回れたら……。

あああ、あれがくる、あの恐ろしいグキッというやつが……。

世界の終わりとハードボイルド・ワンダーランドとはまさにこの瞬間のことを言うのであった。この状況をハードボイルドと呼ばずして何と呼ぶのか。

もう終わりだ、と思った瞬間、ガタンといって電車が動き出した。

……おおおお、天の助け！

体勢は変わらないが、前に進んでいるという実感が心を支えてくれる。脳裏にホテルのベッドに横たわる今夜の自分の姿が浮かんだ。それは思いつく限りの最高の天国のように思えた。

と思ったら、駅の間でまたストップ。

ううう、どうなってるんだ。

額に脂汗がにじんでくる。

いっそこのまま銅像になってしまいたい。そうすれば腰も痛まないだろう。

そのままどのぐらいたっただろうか、もう時間の感覚もなくなってきた頃、瀬戸大橋がもうすぐ開通の見込みという車内放送が入った。すでに強風は基準値以下に収まり、あとは詰まっている列車を順次前から動かしていくだけだという。

ああ、早くしてくれ。詰まってる電車早くしてくれ。

ただし、この列車は児島で折り返すので高松へ向かう人は乗り換えるようにと申し訳なさそうに車掌はつけくわえた。

あああ、わかったわかった、乗り換える乗り換える、乗り換えるから早く動かせ。

そうして必死の思いで耐え忍んだ私の腰は児島駅で別列車に乗り換え、ようやく瀬戸大橋を渡りきった、やった四国上陸と思ったら、またしても駅じゃない場所で停まって、

「お客様に申しあげます。ただいま宇多津《うだつ》＝高松間で架線にビニール袋が引っ掛かっているとの連絡があり……」

ビ、ビニール袋？

うおりゃあ、気軽に空飛び回ってんじゃねえぞ、ビニール袋。

犬の糞でも詰めて大人しくしてろ！

結局、徳島のホテルに着いたのは、予定より2時間遅れ。終末時計では23時59分。腰はすっかり固まって、明日からの四国横断の旅に思い切り暗雲が垂れこめたのであった。

2. おそるべき穴

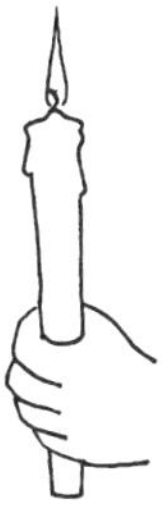
ろうそく

穴禅定。

それは四国霊場番外札所3番慈眼寺で行なわれる、国内では他に例を見ない厳しい修行である。

非常に狭い鍾乳洞の、往復1時間だか1時間半だかかかる行程を通りぬけなければならない。まともに歩いて進める洞窟ではなく、体をひねったり這いつくばったりしながら進むのだ。ぎっくり腰ではとても不可能な修行だった。

そもそも腰がどうこういう以前に、私は狭い場所があまり好きではなかった。腰が痛くなる前から、なんとなく気乗りがしなかったのである。

それなのになぜ行くと決めたかというと、そんな珍しい場所なら見てみたいというちょっとした好奇心と、穴禅定を体験せずして鍾乳洞は語れないという義務感のようなものが働いたのだった。なぜ鍾乳洞を語らないといけないのか、今思うと自分の考えが理解不能である。

さらにもうひとつ気になることがあった。

出発前に熊本で大地震が起こり、その震源が中央構造線沿いに東に移動していくのではという噂がネット上で広まっていたのだ。まさに今回の旅は四国横断つまりおおむね中央構造線沿いにこちらから九州に近づいていくコースだった。慈眼寺も、少しずれてはいるが、ほぼその線上にあると言えなくもない。鍾乳洞の中に入った途端、地震で穴が塞がるということはないのか。その点も心配であった。

ここにきて腰痛、閉所恐怖、地震という3つの不安要素が重なりあい、私はすっかりやる気を失っていた。

だが一方で、ここまで来て引き返すのもしゃくだった。とりあえず腰だけは何とかしようと徳島駅前のホテルにたどりついた翌日、つまり穴禅定当日、テレメンテイコ女史との待ち合わせの前に整形外科で診てもらうことにした。

医者は私の腰のレントゲンを撮り、軟骨が少し薄くなっているが心配するほどではないと言い、痛み止めと湿布をくれた。私はとりあえず痛み止めを飲み、湿布を貼って、テレメンテイコ女史とともに、やっとの思いで慈眼寺へ向かったのである。

慈眼寺は徳島県の上勝町《かみかつちょう》にある。修行の場というだけあって、人家も少ない寂しい山の中だ。空もどんよりと曇っていて気が滅入る。

境内で穴禅定を申し込むと、ろうそくと白衣が渡された。

ろうそくはもちろん明かりとして使う。洞内に明かりはまったくない。

白衣は何度も使ってボロボロになっていた。ろうそくの火で穴が開いたりするのだそうだ。

自分に引火してどうする。

この時点で腰の痛みは、痛み止めで少しましになっていた。これならなんとかいけるのではないかと思う一方で、そうすると狭い洞窟に1時間もいるという嫌さと、地震が起きないかという不安が膨らんで、全体としての気乗りしない度はあまり変わらない。

し－② 境内にあるこの石板の間を通れない者は穴禅定に入れない

「白い線に従って登っていってください。上で案内人が待ってますから」

と納経所で言われ、その通りに山道を登った。

境内のすぐ裏にあるのかと思っていたら結構登る。ヨタヨタ歩いて本堂に到着すると、脇の岩壁のくぼみに板を立てて小屋のようにしてある場所があり、そこで案内人とおぼしいおばさんがわれわれを待っていた。今回の体験者はテレメンテイコ女史と私だけのようだ。

挨拶をして、穴禅定の入口へさらに登る。鉄の扉を通り、階段を昇ると岩棚のようなところに出た。ここで案内人から穴禅定の説明を受けつつ、岩のくぼみにある不動明王に手を合わせた。

不動明王が安置されている岩棚は、かつて弘法大師《こうぼうだいし》が修行した場所だそうで、その修行中に洞窟から龍が現れ大師に襲いかかったと伝えられている。大師は法力《ほうりき》をもってこれを調伏《ちょうぶく》、洞窟内に閉じ込めたという話だ。その龍が巣食っていた洞窟が、まさにこれから入る穴禅定の穴というわけである。

訊いてみると、案内人のおばさんはこの仕事を10年やっているとのこと。多い日は1日に5〜6組案内する日もあり、ひまなときはまったく人が来ないこともあると言った。案内人はもうひとりいてふたり交代で担当しているそうだ。

そんなことを聞いてもしょうがないのだが、なんとなくこのおばさんの人生を想像してみたかったのと、少しでも仲良くなっておいたほうが後々ピンチになったときに助けてもらえそうだったから、フレンドリーさを演出したのだ。けれどもあまり根掘り葉掘り訊く話でもないので、そのへんにしておく。

腰は、だいぶ薬が効いてきて、しゃがんだり体を前に倒すぐらいなら問題なくできるようになっていた。しかし、ひねりだけはきつい。ひねった瞬間に間違いなく世界の終わりがやってくるだろうことは感触でわかった。

「テレメンテイコさん、これ、もし途中でもうダメだってなったらエスケープルートあるでしょうかね」

「ないでしょうね」

「途中にトイレとかあるかな」

「ないと思います」

んんん、これから1時間、泣いても笑っても穴から出られないのか。

おばさんは、内部での注意として、「ろうそくを縦に持つように」と念を押した。横にすると早く溶けてしまい、往復分に足りなくなる可能性があるそうだ。そしてろうそくは常に前側の手で持つ。前側の手？　つまりそれは体を横向きにして進む＝そのぐらい狭い洞窟であることを意味している。

「背の高い人が先」とおばさんは言い、まず私からついてくるように指示した。体が大きいほうが通り抜けにくいから、自分の指示が届きやすいようにという配慮だろう。洞窟内はすれ違えないため、おばさんの指示は順次後ろに伝えていく方法がとられる。

洞窟の入口は、ちょうど人ひとりが入れる程度で、やや下りになっていた（し－③）。

だんだん狭くなっていくのかと思ったら、のっけから狭い。カニのように横向きに進んでいく。その細い洞窟がいきなりヘアピン状にカーブしていた。ここは立ったままでは回り込めず、そこでしゃがんで肩を斜め上向きに突っ込みつつ腰をひねって後ろ向きになってお尻を抜いて……。

「痛てててて……」

あ、今、ちょっとハードボイルドの予感が……。

しかしギリギリ大丈夫であった。大丈夫であったけれども、どんだけ狭いんだ。この先こんなのがずっと続くのだろうか。

そこから先はどう体を使ったのか細かくは覚えていない。とにかくしゃがんだり、尻をついたり、斜めになったりしながら進んだ。ろうそくも右に左にと持ち替え、つまり場所ごとに右半身から入るか左から入るかが厳密に決められている。そうしないと通り抜けられないのだった（し－④⑤）。

こんな狭い洞窟は生まれて初めてだ。

感心するのは、よくもこんな洞窟見つけたな、ということである。

最初に入った人はものすごい勇気の持ち主だったにちがいない。こんなに狭くてどこに通じているかもわからない穴によくぞ入れたものだ。

われわれはすでに先人が何度も入って案内人までいるから安心だけれども、最初は中にどんな深い穴が落ち込んでいるかもわからなかったわけで、修行とはいえ、わざわざ中に入った人間の気がしれない。探検心がうずいたのか、それとも頭がどうかしていたのか。

さらに驚くのは、洞窟内の地面にずっと細い丸太が敷かれていたことだ。通りやすいように誰かが整備したのだろう。こんな狭い場所でよく作ったものである。狭いところは幅にして30

し－③ 気が重すぎる穴禅定の入口

し－⑤ 貞子のように穴から出てくる
テレメンテイコ女史

し－④ 地底人と見まごうテレメンテイコ女史

センチしかないというのに。

「この洞窟は誰かが掘ったんですか?」

「いいえ、天然です。2億5000万年前にできたそうです。はい、ここでバンザイ。腰落として、体岩に押し付けて、違う、左手ここ!」

「はい。あ痛たたたた……」

腰をやらないようになるべくひねらないでいきたいのだが、どうしても何か所ひねらずには通れないところがあった。

整形外科で薬をもらっていなかったらアウトだったろう。

私はうっすら閉所恐怖症を自覚しているが、このときは腰のことが気になってそれどころではなかった。おかしなもので、むしろ腰対穴の戦いというアドベンチャー感みたいなものがあって、アトラクションとして面白いような気もしはじめていた。

時計がないからどのぐらいの時間進んだかはわからない。感覚的には50メートルぐらい入った気がするが、案外距離は短いのかもしれない。なにしろ1メートル進むのに1分かかるようなところもある。

不意にぽっかりと広い8畳間ぐらいの空洞に出たと思ったら、そこが終点であった。

おお、着いた。

天井は10メートルぐらいあるだろうか。正面に弘法大師像があるそうだがよく見えない。本当の仏像なのか鍾乳石を見立てているのかもよくわからない。とにかくその像の前に燭台があって、そこにひとり1本ずつろうそくを立て、火を灯して願いごとを唱え、般若心経《はんにゃしんきょう》を全員で詠む。といっても3人しかいないから、主におばさんが詠む。

四国遍路経験者のわりにちゃんと覚えていない私は、覚えているギャーテーギャーテーハーラーギャーテーのところだけ大きな声を出して、知ってるふうをアピールした。

「ここで話した願いごとは誰にも聞こえません。他言無用です」

おばさんがそう言い、たしかに外に聞こえることは絶対にないだろうな、ここなら弘法大師に聞き届けてもらえるかも、と神妙な気持ちになっていると、「穴禅定参拝記念にもなる弘法大師の御手形、この手袋をして体の悪いところをなでればたちどころによくなる、所願成就、交通安全にも効きめがある」とおばさんの口からなんだか唐突な宣伝が始まり、映画『トゥルーマン・ショー』かと思ったのである。

弘法大師の御手形は納経所で1000円で売っているらしい。全然信じていないが、記念に買って帰ることにする。

帰りもほぼ同じ道を戻った。1か所だけ這いつくばって進む場所が違うが、ここは胎内くぐりとされ、懺悔しながら通るようにと言われる。清廉潔白に生きてきた私には、懺悔すべきことはとくになかった。

そんなことより四つん這いで腰が痛い。

そうして帰りはわりと早く進んで穴禅定を突破した。かかった時間は往復で45分であった。たった3人だったのと、通り抜けるのに時間がかかる太った人がいなかったせいか、言われていたのよりだいぶ早かった。ろうそくもたっぷり余っている。

「腰、大丈夫でしたか」

いつもは冷酷なテレメンテイコ女史が気遣ってくれた。

「ええ、なんとか」

女史の顔には満足そうな表情が浮かんでいた。

「いやあ、面白かったです。目先のことだけに集中することが、他のいろんなイヤなこととか悩みとかを忘れさせて、それがストレス解消になるんでしょうね」

相当なストレスが溜まっていたらしい。ま、その点は私も同じだ。

「私も今日から生まれ変わります」

「前も磐船《いわふね》神社でそんなこと言ってませんでしたか。いったい何回生まれ変われば気が済むんですか」

「何回生まれ変わっても、いいのが当たらないいんですよ」

返事はなかった。

3. 純粋モノレール

穴禅定をクリアした翌日。われわれは奥《おく》祖《い》谷《や》へ向けてレンタカーを走らせた。このまま四国の中央山稜を西へ横断するつもりである。四国の気になるスポットを片っ端から制覇するのだ。

腰の痛みは相変わらずだが、車の運転に関しては大きな支障はなかった。運転に使うのはほぼ手足だけで、胴体は動かさないからだ。とはいえ、ただひとつだけ例外があった。それはバックである。

車をバックさせるには、体をひねって後ろを見なければならない。

奥祖谷へと向かう山道はとても狭く、ところどころ車がすれ違えない幅の場所があった。

ということはどうなるか。対向車が来れば、道を開けるためにバックする可能性がある。先方が譲ってくれればいいが、私のほうが退避スペースに近い場合は当然私がバックしなければならない。

んんん、無理だ。今の私には、それはできない。

落石注意

けれども道のほうはそんな私の都合などおかまいなしである。この狭さで国道というのだから恐れ入る。

私はカーブミラーがあるたびに対向車が来ていないか神経を尖らせた。もし対向車がある場合は、早めに退避スペースのあるところで停めて待つ。相手より先にカーブに突っ込もうなどと考えてはならない。

と、ある場所で、片側交互通行用の電光掲示板が設置してあった。対向車注意というオレンジ色の文字が点滅しており、その下に「点滅中は対向車がきます。通過するまでお待ちください」と書いてある。道が狭いのだろう。

当然私は待った。うっかり進入して鉢合わせになったら冷や汗ものだ。

ところが待てども待てども対向車が来ない。

5分ぐらいも待っただろうか、やっと1台が通り過ぎた。これを待っていたのかと思い、さっそく発進しようと思ったが、対向車注意の点滅は消えないままだ。まだ来るらしい。

しかし次の車が全然来ない。いったいどれだけ長い区間片側通行なのか。先の車が来るまで5分待ったということは、この区間を通過するのに5分以上かかることを意味している。もしその5分の間に次の車が、片側通行区間に入ってしまったら、それも通過するまで待たなければならないのだろうか。

本来なら時間を決めて交互通行させるべきなのだ。それを感知器をつけて、車が通過したら反対側を止めるという形にしたから、こういうことになる。間の悪いタイミングで来てしまったものだった。

そうして数分後、2台目がやっと通過。これでようやく通行できると思ったら、まだ点滅が消えない。待っている間にさらに次の車が区間に入ったのだ。

おいおい、勘弁してくれよ。いくら交通量が少ない道路だからといって、これではいつまでたっても通過できないではないか。

システム考え直せ、とイライラしていると、われわれの後ろから路線バスがやって来て隣に並んだ。そして運転手がこっちを向いて「これ、壊れてるよ」と言うなり、表示を無視して片側通行区間に侵入していったのだった。

……。

ふざけんな！　何分待ったと思ってるんだ。10分は待ったぞ。

バスの後ろについて進入すると、片側通行区間はものの1分ぐらいで終わった。

んおおお、こんなに短いんかい！　うっかり一夜を明かすところだったわ。

だが、この国道の理不尽さはそれだけではなかった。もっと恐ろしかったのが落石である。

山に上るにつれ落石注意の標識がたくさん見られるようになり、実際道路上に小さな石がいっぱい落ちていた。それどころか崖側のガードレールがボコボコである。なぜガードレールがボコボコなのか。当然それは石がそうしたのである。過去にガードレールを凹《へこ》ますほどの石が落ちてきたのである。

そして、よく見るとガードレールはほぼ全部ボコボコなのだった（しー⑥）。

うひゃあ、どんだけ石落ちまくってんだ。それはつまり、今この瞬間に本気の石が落ちてこないとも限らないということである。

やばいやばい。早く通り過ぎよう。

だいたい落石注意と言われて、どうしろというのか。注意してたって石は落ちてくる。こっちはどうしようもない。

しー⑥ ガードレールがそこらじゅうで無残

しかも車は前と後ろ、さらに横は見えるけれど、上は見えるようになっていない。落石に気づいたときには遅いのだ。

こんな道はさっさと通り抜けるに限る。だが、目指す奥祖谷まではずいぶん遠いのであった。

奥祖谷で目指していたのは、モノレールである。

正式には奥祖谷観光周遊モノレール（しー⑦⑧）。

モノレールと聞くと、東京モノレールとか大阪モノレールとか多摩モノレールとか千葉モノレールとか、とにかく交通手段としての電車的なあれを想像するが、奥祖谷観光周遊モノレー

し－⑦ モノレール乗り場

し－⑧ モノレールはふたり乗り

ルはそういうのとは違って、遊園地のアトラクションのような乗り物だ。ふたり乗りで森の中をぐるっと一周してくる。

といっても、べつにジェットコースターのようにスリルがあるわけでもない、

そんな乗り物になんでわざわざ乗りに来たかというと、実はこのモノレール、乗車時間がなんと65分もあるのである。

65分！

遊園地にそんなに長時間乗りっぱなしのアトラクションはない。しかも、聞くところによるとコースはほとんど森の中。途中1か所だけ展望がきくポイントがあるそうだが、それ以外はずっと森というではないか。途中下車もできないらしい。

なんだろうな、その心は。

ホームページを見ても、森林浴を楽しみながら登山気分を味わうというようなことしか書いていない。本当にそれ

だけ？　そんなもんに65分？

　これに乗ろうという乗客のモチベーションは何なのか。いわゆる〝だれ得物件〟ではないのだろうか。このモノレールの存在する意味は何だ？

　今回はそれを知るためにやってきたのである。

　現地に到着してみると、乗り場は小ぎれいな温泉宿泊施設の敷地の一画にあった。周囲は森に囲まれ、近づいてみると、たしかに銀色のレールが駅舎を出て森の中へ消えていた。

　オンシーズンは東京ディズニーランド並みの1～2時間待ちもあるということだったが、それは大人気だからというより、一度にふたりしか乗れないうえに、間隔を十分にあけてスタートさせるからである。

　この日は運よくガラガラで、われわれはその日の2組目だった。1組目は香港人のカップルである。

　え、香港からわざわざこれに？

　ますます謎だ。世界を魅了するモノレール。いったい何があるというのか。

　乗車前に注意事項を説明される。

　まず第一に、あらかじめトイレに行っておくこと。

　まあ、当然だろう。65分は長い。

　次は防寒。上まで行くとここと6度違うと言われ、私はヤッケを準備した。

さらに途中で停止したときの対処法などを教わる。

これが案外よく停まるのらしい。木の葉などがケーブル上に落ちたとか理由はその程度のことのようだが、問題はいったん停まって5分以内に自動復旧しない場合、係員が来て操作しないと動かないことだ。なにしろ1周65分もある長いコースである。係員が来るまで結構待つことになる。できれば停まってほしくないものであった。

さて、説明が終わるといよいよ発進。

正面に仮面ライダーカブトみたいな角のついた小さな乗り物は、人が歩くより遅いぐらいのスピードでゆっくり動き出した。

すぐに森の中へと入っていく。道路をひとつ跨ぐと、そのまま急斜面をぐんぐん上った。カタカタコトコト。レールも細く乗り物も小さいわりには力強い。周囲は森。見えるのは木々だけだ。

ちょうど新緑の時期だったのと、この日は天気も晴れて木漏れ日が射していたのとで、気分はよかった。途中とくに何もないが、森林浴だと思えば悪くない。

カタカタコトコト、森の景色に変化はない。沢とか池とか大きな岩とか、そういうものも何もなく、ただひたすら森。

退屈かというと、そうでもなかった。むしろ面白い気がしてきた。単純に、こういう小さな乗り物に乗っていること自体が面白い。

私は、いったいなぜトロッコやリフトでなくてモノレールを造ったのかと考えていて、それは順序が逆なのだと思いついた。

つまりこういうことだ。

山がちな日本では、山間の村などに、急こう配の斜面を上るためのモノレールが設置されていることがある。ここ奥祖谷にもあるようで、それらは、農作業用だったり、自宅から駅やバス停までの往復用だったり、そのほとんどが個人用だ。つまりこのタイプのモノレールは、たまに見かけても一般の人間は乗ることができないのである。

だが見た側は、遊園地のアトラクションみたいだから、ちょっと乗ってみたい。珍しい乗り物があれば、なんであれちょっと乗ってみたいのが人情である。

そこで誰かがひらめいたのだ。

モノレールを個人所有していない一般人のために、思う存分乗れる施設を造ったらどうだろうかと。

つまりこのモノレールは景色を眺めるためというよりは、ただ乗るためだけに造られたのだ。思う存分個人用のモノレールに乗って好奇心を満足させたい、そんな人のためにであるなら、なるべく長く乗り心地を味わいたい。ということで65分。

そう考えると、理にかなっている。実に市場のニーズにマッチした乗り物なのであった。

いったい何のためにこんな場所でモノレールに乗るのか、などと疑問に思う必要はなかった。

上）し－⑨ ほぼこんな感じ
下）し－⑩ てっぺんで１分間ぐらいだけ眺めがよくなる

そこにモノレールがあるから乗るのだ。

おお、私は今モノレールに乗っている。なんか特別な感じだ。特別なことを体験できている感じがじわじわとこみあげてくる(レ-⑨)。

すばらしき哉、〝関係者以外は乗れないはずのものに乗せてもらえた感〟。

ぐんぐん斜面を上ったモノレールはやがて尾根筋に出て、そこから少しだけ山が見晴らせた。剣山《つるぎさん》をはじめ、いくつかの峰がポコポコしている(レ-⑩)。

ああこれか、これを見にここまで上ってきたのか。

と思ったのもつかの間、ものの1分ですぐにまた斜面を下りはじめた。

じっくり見晴しを楽しむひまはなかったが、カタカタコトコト、森の空気が気持ちいい。

そうして合計65分。途中うんざりするかと思えば、そんなことは全然なく、もうそろそろいいかな、満喫したな、と思った頃にゴールとなった。

いやあ、予想以上に満足である。

モノレールに乗ってただ行って帰ってくるだけ。そこがいい。途中BGMを流したり、変なハリボテ人形を置いたりしてないところが素晴らしい。余計なものは何もなく、ただモノレールがある。純粋モノレールの旅。

他にも純粋トロッコや、純粋リフト、純粋ケーブルカーなどに、65分も乗れる施設があったら、私は喜んで乗りにいくだろう。

4・天空の村と仁淀ブルー、そして佐田岬半島はどんな感じか

さて、われわれは引き続き西へ向かわなければならない。

なぜ西に向かわなければならないのか理由は定かでないが、今回の旅のミッションは、穴禅定とモノレールのほか、四国内奥にある天空《てんくう》の村と仁淀《によど》川の渓谷を見つつ四国を横断することである。内容に脈絡はないが、四国を横断しつつ、行きたい場所に全部行こうという計画なのだ。

天空の村というのは、文字通り標高の高い場所にある下界と隔絶したような村で、山がちな日本にはあちこちに存在するが、徳島の三好《みよし》市にある落合集落は、急斜面に家と畑がはりつく眺めが絶景だというので見てみたかった。

現地に着くと、さっそく集落と谷を挟んで反対側にある展望所に寄って、山の斜面をひとつごっそり削って村にしたような、不思議な景色を眺めた（し－⑪）。

この落合集落には平家の隠れ里伝説もあるようで、歴史はかなり古いらしい。車もなかった昔は上ったり下りたりするのが大変だったろう。だからこそ隠れるのに好都合だったのかもし

モノレールに乗る安徳天皇

れないが、実際に車で上がってみれば遠目に見るよりずっと急な斜面で、平家の落人もご苦労さまなことであった。

「これは上のほうに住んでいる人と、下のほうに住んでる人はどっちが偉かったんでしょうかね。名主はどの高さに住んでたのかな」

「ふつうは上かなって思いますが。日当たりもいいし」

そうすると上ったり下りたりは大変だから、偉いやつは自分は動かないで、お前ちょっと下行ってタバコ買ってこいとか言ってたのだろうか。こんな斜面での暮らしは、いったいどんなふうか想像がつかない。

東祖谷歴史民俗資料館に立ち寄ると、屋島《やしま》の戦いで敗れた安徳《あんとく》天皇と平国盛《たいらのくにもり》がここに逃れてきたという説が紹介されていた。壇ノ浦に沈んだと思われていた安徳天皇は実は生きていたのだ。

「さすがに安徳天皇は、上ったり下りたりしなかったでしょうね」

この集落にモノレールは見当たらなかったが、安徳天皇にも特別に専用のモノレールがあったらよかった。

安徳天皇は残念ながら8才で亡くなってしまい、お付きの国盛は平家再興の夢を失って悲嘆のあまりアル中になったそうだ。アル中でこの斜面はきつかったろうと思う。

早明浦ダム希望図

落合集落を後にしたわれわれは、早明浦《さめうら》ダムまで走りそこで1泊した。

ちょうどこのあたりが四国のど真ん中である。

早明浦ダムには前々から一度来てみたかった。なぜかというと、渇水になると湖底に沈んだ役場の建物が姿を現すシュールな光景が見られるからだ。テレビのニュースで見てファンになり、以来早明浦ダムの水位の変動にはずっと注目してきた。

ネットでグラフを見て、水が減ったり増えたりするそのダイナミックな動きに勝手に興奮してきたのだった。このたび現場に来ることができて感無量である。

本当はその湖底の役場が見たいけれども、現時点では水はたっぷりあり、役場は湖面に出ていなかった。役場が見られるときは四国が水不足ということだから、おおっぴらに役場が見たいとは言いにくいが、本音は見たい。決して水不足を待望しているわけではないので地元民は軽やかに聞き流してほしいが、なぜもっと役場を出さないか。役場見たいっちゅうに。

いっそ今からでもその役場を高層ビルに建て替えてくれないだろうか。そうすれば満水時にも建物が見えて納得できるはずだ。

使わないビル建ててもしょうがない、という意見もあろうが、観光的には相当なインパクトがあるはず。新しく建てるのが無理なら、余ったビルをもらってきて湖に突き刺すのはどうか。ビルが3、4本も湖面から突き出ていれば、物珍しさで世界中から観光客が集まるだろう。もし世界の観光客が集まらなくても、私が集まるだろう。


さて、旅は終わりに近づいている。ここから一気に四国の西半分を横断してしまおうと思う。立ち寄りたいのは仁淀川である。

四国の川と聞くと、最後の清流と呼ばれる四万十《しまんと》川をまっさきに思い浮かべる人も多いようだが、清流という意味では仁淀川を忘れることはできない。

仁淀川は、国土交通省の調査で、全国の1級河川の中でもっとも水質の良好な川のひとつに選ばれており、最近はその水の青さが仁淀ブルーと呼ばれ、だんだん有名になってきた。

その仁淀ブルーが見たい。

調べたところ、仁淀ブルーのすごさを実感できるスポットとして、にこ渕《ぶち》、安居《やすい》渓谷などが挙げられていた。それぞれ仁淀川の支流にあって、車で見に行くことができる。

そこで、まずはにこ渕へ向かった。

もともと狭い国道から、さらに脇道に入り、小さなダムの横を通って山道の途中に車を停めると、そこからロープを伝って斜面を下りる。にこ渕という看板が出ていた。

腰が痛いのにそんな冒険はしていられないと思ったが、下りないと渕なんかまったく見えないので、平気を装い下りていった。

何かで聞いたのだが、ぎっくり腰は、痛むぞ痛むぞと、痛む前から勝手に緊張するのがよくないそうで、そうやって固くなることで腰も固まるのらしい。であるなら、気にしない、もしくは無視する、つまり腰痛はないものと考えて敵を欺くことが肝心である。腰などまったく気にしていないという鷹揚《おうよう》な態度が、実はもっとも効果的なのである。

これはかねて私が推奨している「晴れ男になる方法」と同じ構造で、晴れてほしいときに雨が降りそうだからといって、ガタガタ騒ぐのはもっとも悪手で、かといって晴れろ晴れろと念じるのも敵の反感を煽るという意味でおすすめできない。そうではなく、私は雨が降ってもちっともかまわない、本当に晴れてほしいのは別の日なのだワッハッハ、というぐらい何くわぬ顔で、雨サイドの裏をかくのが最良である。これはウソではない。私の経験上、統計的に有意な効果が認められている。天候は心理戦なのだ。

ぎっくり腰もそれと同じということは、いかに私が今ぎっくり腰など気にしていないか、それが取るに足らない問題であるかを顔でアピールするのが重要である。気にしていない、もしくは、自分より他人のことを心配しているふうを装うのもいい。

「テレメンテイコさん、大丈夫ですか。足元危ないので気を付けてください」

上）し－⑫ すさまじくブルー。だが、
下）し－⑬ 中は透明

「宮田さん、腰は大丈夫なんですか」

「は？　何のことでしょう。腰なんて最初から、あっ、ちっとも……う……」

「痛そうですけど、大丈夫ですか？」

「テ、テレメン……テイコさんこそ、だ、大丈夫ですか……」

そうして私は敢然と斜面を下りていったのだった。その姿はさながら勇猛果敢な兵士のようであったという。

たどり着いたにこ渕は、想像を上回る青さだった（し－⑫⑬）。

テレメンテイコ女史も、すごい！　と声をあげた。

触れると青く染まりそうなほど。まるでインク壺のようだ。

用意しておいた防水デジカメを突っ込んで撮影してみると、ものすごい透明度。

渕の中を撮影して、これほど先が見えるのは珍しい。さすが仁淀ブルーだ。

ちなみに、私はこの防水デジカメで何枚も写真を撮影したのだが、そのためには不安定な岩の上で何度も水辺にしゃがむ必要があり、当然腰の扱いには注意を要するべきだった。なのだが、本当の話、水のあまりのきれいさにわれを忘れ、ぎっくり腰を忘れ、何度も立ったりしゃがんだりしても平気だったのである。

やはり天候とぎっくり腰は心の問題ということが、これによって証明された。

われわれはこの後、安居渓谷にも行き、さらにもう1か所天空の村と称される桜集落（し－①）

も訪れ、どんどん西へ向かっていった。

やがて高知県を抜け愛媛県に入って、この頃になると、観光というよりどこまで西に行けるかが旅の焦点となってきた。

地図で見ると、愛媛県から九州の大分方面へ突き出す佐田《さだ》岬半島というのがある。この半島は、長さは40キロ近くあるが、幅は狭いところで1キロないような場所もあって、これほど細長い土地は日本に例がない。できればその先っぽまで行ってみたいものだった。

実はずっと前から、地図を見ながらあの岬の先っぽはどうなっているのだろうと空想して、死ぬまでに一度は行きたいと思っていたのである。

同じ、あの〝先っぽはどうなっているのか岬〟としては室戸《むろと》岬があって、地図で見るとキンキンに尖っているあの先っぽがどうなっているか、この目で確かめるまでは死んでも死にきれないぐらいに思っていたが、行ってみるとそんなに尖っておらず、むしろ丸っこいおまんじゅうみたいな山になっていたから驚いた。やはり地図で見ているだけでは真実はわからない。この目で見ることが肝要、とそのとき心に刻んだのである。

大分に向かって槍のように突き出す佐田岬も、その実態はどんなことになっているかわかったものではない。槍のようだと思わせてヘルメットみたいだったりするかもしれないし、豆腐みたいに柔らかい岬だったりするかもしれない。

われわれは半島を貫く一本道をひたすらレンタカーで西へ向かった。

地図で見ていたときは気付かなかったが、この道は結構高いところにあり、それはつまり尾根を走っているらしく、このことは半島が山がちということを示していた。

たかだか幅1～3キロ程度の半島なのに、標高400メートル近い山があったりする。結局半島の先端にある駐車場に着くまで、ほぼずっと尾根道だった。このことから、佐田岬半島はただ細いというだけでなく、屏風のように海からそそり立っていることが判明した。

こんな感じだ（下図）。

やはり、地図でぼーっと眺めているだけではわからないものである。

こうしてわれわれは四国横断を達成したが、達成したからといって、とくに何があるわけでもなく、そんなことよりぎっくり腰がそろそろ治ってきたようだ。治ってきたのに、これから帰って机の前で原稿仕事とは、なんだか自然の摂理に反するような気がする。

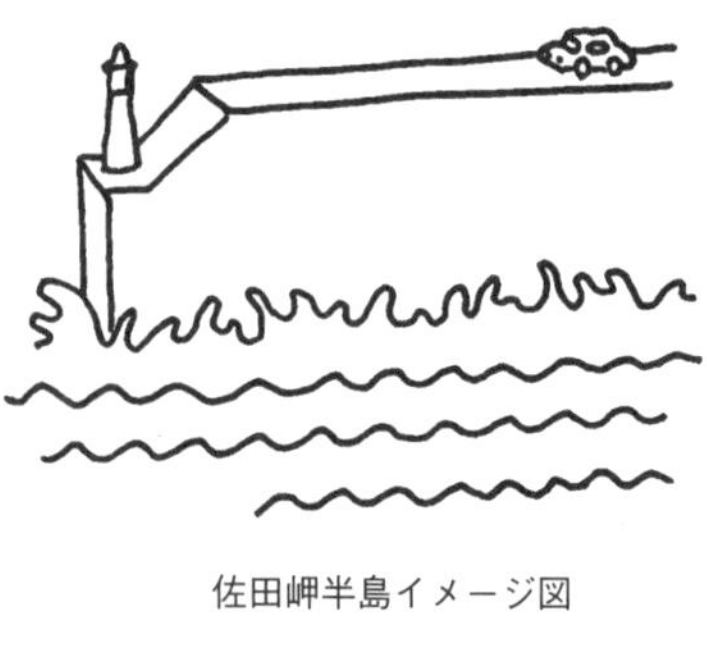
佐田岬半島イメージ図

鹿児島

1. けけけけ仁王旅

前々から鹿児島が気になっている。

もともと端っこ好きということもあるし、南方好きということもあるが、理由はどうもそれだけではない。私はこれまで何度も九州を訪れているが、熊本と鹿児島の間には何か大きな溝があるような気がしてならないのだ。

地図で見てもべつに溝なんてないけれども、福岡から熊本へ行くときの身近さに比べて、ほぼ同じ距離なのに、熊本から鹿児島へ行くのはずいぶん遠く感じられる。新幹線ができて時間的にも変わらないはずなのに、それでも遠い。熊本と鹿児島の間には密林地帯が横たわっていて、魔物蠢《うごめ》くそのジャングルを越えていかなければ、たどり着けないぐらいの「向こう側」感なのだ。

思えば加藤清正も恐れたように、薩摩藩以前の時代から、他とは一線を画してきたお国柄である。時代小説を読む限り、幕府隠密もなかなか入り込めなかったようだ。仮に侵入を許して

ソテツ

も、薩摩人同士バリバリの方言で会話して、何言ってるかわからないようにしていたという。

「鹿児島弁は第二次世界大戦中、暗号としても使われたんです」

とテレメンテイコ女史が言った。

そのぐらい、もう別の国なのだ。

しかし女史はなぜそんなマニアックなことを知っているかというと、実は鹿児島出身者なのだった。魔の密林地帯を越えて来日したのである。

「テレメンテイコさん、それにしては、ごわす、とか言いませんね」

「ごわす、なんて鹿児島じゃ誰も言いませんよ」

「西郷隆盛が言ってるじゃないですか」

「あれは勝手に誰かが言わせたんで、そもそも西郷隆盛像も実物とは全然似てないというのが今では定説です」

テレメンテイコ女史は気色ばんだ。

「その話は聞いたことがありますけど、あの顔で『西郷隆盛でごわす』って言ってるその後で桜島どーん、っていうのが鹿児島のイメージじゃないですか」

「ほんと迷惑です」

「じゃあ、ごわすじゃなくて何て言うんですか」

「そうですねえ……。けけけけ」

「は？」

「鹿児島弁で、けけけけ、っていうのがあるんです」

「けけけけ？　ああ、鹿児島県民はヤモリの血が流れてるんですね」

「違います！　最初の〝け〟が貝の意味で、次の〝け〟が『買う』で、その次の〝け〟は『〜に』で、最後の〝け〟は『来い』。貝を買いにおいで、という意味です」

「博多弁の、とっとーと？　みたいなものでしょうか」

「まあ、そうです。関西にはそういうのないんですか？」

「ありますよ。チャウチャウちゃうんちゃう？」

ともあれ、そんなこんなで鹿児島に行くことになった。

密林地帯の「向こう側」まで行くのはなかなかない機会だから、ひととおり見て回ろうと思う。

「実は宮田さんの好きそうなものがあるんです」

「なんですか？」

「鹿児島には変な仁王像が多いんです」

「変な仁王像？」

なんでも鹿児島は明治維新の際の廃仏毀釈《はいぶつきしゃく》が激烈で、ほとんどの寺が徹底的に破壊されたそうである。もちろん仁王像もすべて壊されたり埋められたりした。

それが今はまた戻されて神社やお寺に安置されているという。そしてそれがなかなかユーモラスでいい感じなのだと女史は言った。

そういうことなら、そのいい感じの仁王像も探してみようと思う。

梅雨のある日の朝9時、われわれは鹿児島中央駅で待ち合わせた。

前日までは大雨で警報も出ていたようだが、この日は晴れていた。私が鹿児島に降り立ってから晴れだしたのである。やはり日頃から晴れ男の修練を欠かさなかったことが勝因だ。晴れ男の修練法についてはエッセイに書いているのでここでは割愛するが、テレメンテイコ女史も「神懸ってますね」と私の晴れ男っぷりに驚いていた（自慢）。

か－② 妙に存在感がある

レンタカーを借りて、まずは鹿児島市立美術館の敷地にある持明院《じめさあ》様を見に行く。

持明院様というのは、島津家16代義久の娘、島《しま》津《づ》亀《かめ》寿《じゅ》の石像で、『石ってふしぎ』（市川礼子著、柏書房、2016年）という本で見て以来、ずっと気になっていた。ダルマのような軟体動物的な岩に顔だけくっついている変な姿なのだ。それこそ突然「けけけけ！」とかしゃべりだしてもふしぎじゃない。

美術館の開館時間を待って訪ねると、それは植え込みの中に突然ぽつんと置かれていた(か―②)。岩に浮き上がる顔が、唐突でおかしい。よく見ると顔だけでなく一応は体も彫ってあるようだ。全身苔むして緑色になっている。

「飛鳥の石像に似てますね」

飛鳥の石像というのは、奈良県の飛鳥地方に残る謎の像で、僧や女性の姿を彫ったものとされているが、実物を見た限りでは、人間とは思えぬ像だった。まるで怪獣のようなのである。

持明院は実在の人物であり、そもそも女性なのだから、何もこんなふうに岩に彫ることはなかったと思う。銅像とか木像で、もっと人間の形にしてやることはできなかったのであろうか。

看板に説明書きがあり、こんなことが書かれていた。

「器量には恵まれませんでしたが、その人間性が尊敬され、人々は『器量はすぐれずとも、心優しく幸せな家庭を築いた』夫人の人柄を慕い、毎年10月5日の命日には、この像におしろいや口紅をぬって、夫人にあやかるようにお参りするならわしが残っています」

って、大きなお世話であろう。短い文章のなかに器量が悪い件について2度も書かれている。ふつうに、人柄がよかったから、と書けばいいのではないか。それで岩に彫られて、顔だけ目立つという、本人には屈辱以外の何ものでもない。

だいたい、よく読めば人柄以外とくに優れた功績が書いてあるわけでもない。ということは、記念すべきは器量と人柄の落差であって、岩に彫りたいぐらいその落差がすごかったと、つまり器量の恵まれなさたるや空前絶後だったと証明したようなものだ。

かわいそうな持明院。

かわいそうだけど、どんな顔だったのか、実物を見てみたくなったのである。

さて鹿児島市中心部を出て、これから鹿児島を一周しようと思う。どうせなら桜島と錦江湾《きんこう》の周りをぐるっとまわりたい。最初に目指すのは、伊佐市にある曽木《そぎ》の滝である。

運転手は例によって私。

滝に行くまでに、いい感じの仁王像にも寄っていくつもりだが、テレメンテイコ女史がそのへんはぬかりなく調べておいてくれた。

「それにしても」

走り出して私は言った。

「鹿児島は緑が濃いですね」

街路樹もただ木が生えているというだけでなく、その木の幹にまた草が生えたりして毛深くなっている。まさに「けけけけ」というか、そこらじゅう緑だらけで目にまぶしいほどだ。

「雨の後だからそう見えますが、普段の鹿児島はもっと灰色です」

女史は言った。

なるほど。そういえば現時点では桜島は噴火しておらず、灰も降ってなかった。

「灰が降ったら、こんなもんじゃないですから」

「積もった灰ってどうするんですか」

「自宅の灰は集めてゴミの日に出します。道路上の灰は、専用の車が処理します。せっかく鹿児島にお越しいただいたのだから、集塵車を見てもらいたいです」

「雪と違って吹き飛ばせばいいわけじゃないですよね。その車は灰をどうするんですか」

「吸い込むんです。で、もう1台散水車がいて、灰が飛び散らないよう後から水を撒いていくんです」

「その集めた灰はどこにいくんです？　ものすごい量だと思うんですけど」

「専用の処分場があります」

「そんなのすぐいっぱいになるでしょ。また桜島の火口に放り込んだらいいじゃないですか」

「誰が火口まで運ぶんですか」

「ん？」

「宮田さん、運んでくれますか」

「……フロドに頼んだらどうかな。ホビット族の」

テレメンテイコ女史のナビで最初に立ち寄ったのは、市内にある明楽寺《みょうらくじ》である。とくに観光スポットというわけではない小さなお寺だ。ここに変な仁王像があるという。いったいどんなものだろう。

こんなのだった（か-③）。

か-④ フォークダンスか空中浮遊か

か-③ けっこうメタボ

か-⑥ あーもしもし仁王だけど

か-⑤ ちっとも強そうじゃないのだった

片腕がなくて脚もない。廃仏毀釈で破壊されたのである。それはいいとしてずいぶんシンプルというか、丸っこいというか、こんテキトーでいいのか仁王。

だが、この程度で驚いてはいけなかったらしい。次に立ち寄った奥龍蔵権現《おくりゅうぞうごんげん》の磨崖仁王はさらに1歩上をいっていた。こんな感じだ（か－④）。

フォークダンス？

この下半身は橋みたいにも見えるがそうではなく、簡略化された腰袴で、本来はその下に2本の脚が突き出しているべきもの。だが実際には脚ではなくて羊歯《しだ》が生えているため、微妙に空中浮遊しているように見える。

そもそもこのざっくり感はなんの冗談であろうか。腕はマイムマイムみたいに腰に当てられ、かすかに残るあばら骨の表現とおぼしい胴体の割れはただの縦横の線、そして頭部は破壊されてなんだかわからない。

だが仮に破壊されていなかったとしても、全体の印象は変わらないだろう。

仁王はさらにもう1体あって、こんなふうだった（か－⑤）。

漫画？

さらに次に見た清泉寺《せいせんじ》跡磨崖仁王像も、こうだ（か－⑥）。

仁王は一般にお寺の入口で邪気の侵入を防ぐ大切な存在である。にもかかわらず、みんなみんなこんなざっくりとした造りでいいのだろうか。

思うにこれは石のせいである。

われわれがよく知る仁王は、たとえば東大寺山門の仁王像などもそうだが、木の像が多い。木は細かく彫れるものだ。それに対して石は性質上どうしても細かい造りが難しい。たとえば木であれば指を1本1本リアルに彫れるが、石では細いとポキッと折れてしまう。

私は以前、大分の国東《くにさき》半島で、同じように石造りで露天にむき出しになった仁王像をたくさん見たことがあるが、やはり造りは大雑把だった。

大雑把な仁王。

なぜ木像にせず、わざわざ石の仁王にしたのか。

理由はわからないが、そのせいで、本来厳かであるべき神聖な空間がグダグダになってしまっており、その点高く評価したい。

作り手の意図しないユーモアが溢れ出ているところ。がんばったけど、こんなふうになってしまったという巧まざる造形の妙。まあだいたいこんなんでいいんじゃない、というなげやり感。そういった素人臭さ、庶民的な味わいがナイスだ。

鹿児島にこんな仁王があるとは、まったく知らなかった。

テレメンテイコ女史が〝宮田が好きそう〟と言ったのは、そういうことであった。

面白そうだからもっと探してみることにする。

2. ナイス放水路と、不気味で素敵な像たち

さて、そうやって各地の仁王に寄り道しながら、やがてわれわれは曽木の滝にたどりついた。

「曽木の滝といえば、鹿児島では市内から泊りがけで校外学習に来たりするところで、かなり遠いです」

とテレメンテイコ女史は言っていたが、案外早く到着し、昔はもっと遠かったのに道がよくなっていると驚いていた。

曽木の滝は駐車場も広く、このあたりの主要観光地らしい賑わいが感じられた。ここではボランティアの観光ガイドをお願いしてある。

というのも、今回は曽木の滝本体ではなく、分水路が見たかったからだ。分水路は増水時に水を逃がすために造られた人工の川で、一般には見物できないため、ガイドを通す必要があったのである。

少し早く着いてしまったが、ガイドの方はもう待ってくれていた。ピンク色のスタッフ用ビ

ソフビ怪獣

か－⑦ まるでイグアスの滝のよう。見たことないが

ブスを着た、おそらくリタイア後にガイドを始めたのであろう初老の男性であった。

「よろしくお願いします」

と挨拶すると、さっそく「分水路を案内してほしいという人は珍しいです」と言われる。

「国土交通省も喜ぶと思います」

で、まずは滝を見に行った。滝のほうはどうでもいいと思っていたら、ちょうど大雨の後で増水しており、これが結構な迫力だった(か－⑦)。

「東洋のナイアガラと呼ばれています」

まさしくそんな感じだ。いや、ナイアガラというより、ジャングルの中にあるイグアスの滝か。

これまでいろんな滝を見てきて、滝というものにすっかり飽きていたが、ここは見慣れない感じでよかった。日本の滝は峡谷のなかにあって陰気なものが多いなか、ここは広々と幅があって明るい。

だが今回の目的は分水路だ。

ガイドはひと通り滝を見せたら、後ろをついて来てくださいといって、対岸の森のほうへ車を走らせた。

やがてなんでもない土手のようなところの手前で車を停めると、そのちょっとした土手を歩いて登る。

土手のむこうに、今はほとんど水の流れていない川があった（か-⑧）。

一見、自然のようだが、これが分水路である。わざと自然に見えるようにデザインされているのだ。

「業界でも非常に評価が高く、グッドデザイン賞をいただいたんです」

とガイドは言った。

わかる。こんな人工の川は見たことがない。

横の歩道を歩いていくと、すぐに終わりが見えてきた。ほんの400メートルほどの分水路なのだ（か-⑨）。

なぜこれが見たかったかというと、人間が地形に手を加えて川を作ったというそのスペクタクルな感じが気になったからである。

曽木の滝を擁する川内川《せんだいがわ》は、ちょうど滝のところで川幅が狭くなっていて、そのために大雨が降ると曽木の滝手前でたびたび氾濫を繰り返してきた。そこで２００６年に氾濫したのを機に、氾濫原となる河原から、滝を迂回するようにして山を穿ち、分水路を造ったのだ。完成は２０１１年。その後の５年間に２度、ここを水が流れたそうである。

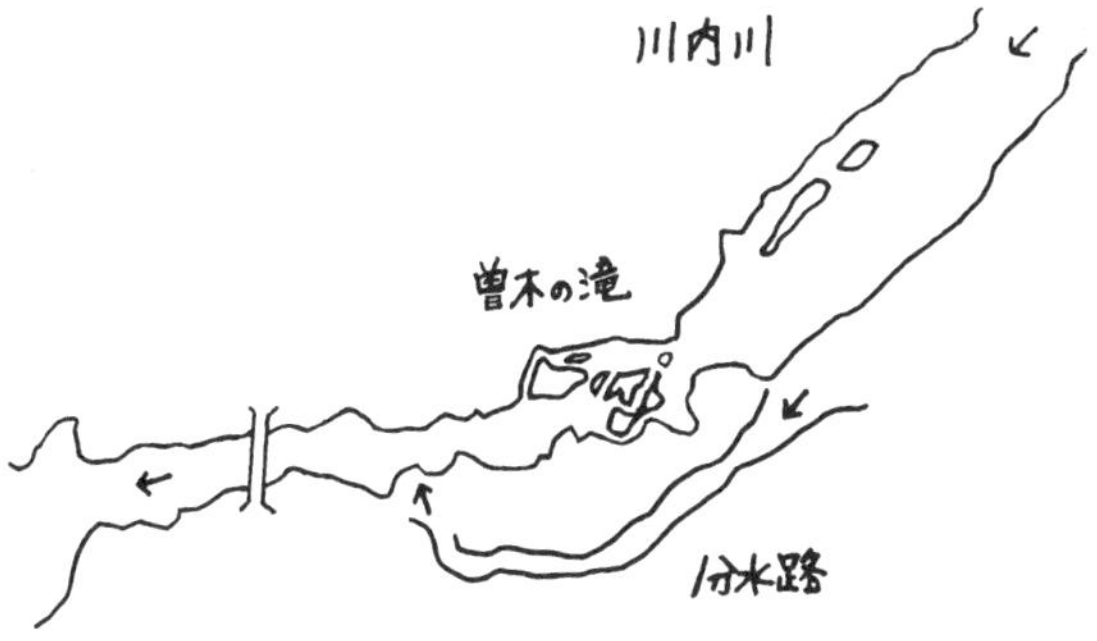

曽木の滝分水路

人工の川という意味では、いわゆる運河と同じことで、そう考えると珍しくもないが、ここは川のはじまりが平らなグランドみたいな土地であり、それが突然峡谷のようになっているところに味わいがある。

さらに何度も言うが、直線的な人工水路でなく、まるで本物の峡谷のように造られているところがポイントだ。奥の平地から幌馬車がやってきて、峡谷の中で狙撃されたりしそうな雰囲気がする。

曽木の滝と並んで十分な観光価値があると思うけれども、われわれ以外誰も見に来ている人はいなかった。通常は関係者以外立入禁止の建前らしい。もったいない。ときどき幌馬車走らせて襲撃してみてはどうか。まあ幌馬車じゃなくて、大名行列でもタンクローリーでもいいが、とにかくここを通れば何かが待ち伏せしてそうな、そんな予感を大

か－⑩ 冬は湖底に沈む廃墟がかっこいい

事にしたいものだ。

ちなみに今もちょろちょろ流れているのは、これは湧き水である。メダカが棲んでいるというので地元の子どもがこっそり捕りにきたりもするそうである。

その後ガイドはわれわれをもう1か所面白い場所に連れて行ってくれた。

滝の下流にダムがあるのだが、夏は洪水対策として水をあえて貯めないでおく措置がとられる。そのとき冬の時期は水中に沈んでいる発電所の廃墟が水上に姿を現すのである（か－⑩）。

おおお、かっこいい！

なんだかヨーロッパみたいではないか。冬になるとこれがダム湖に沈み、ファサードの一番高い三角になった部

上）か－⑧ 自然じゃないのに自然
下）か－⑨ 待ち伏せにうってつけの峡谷

分だけが水面に露出するという。

思えば、こないだ四国に行ったときは、早明浦《さめうら》ダムに沈む旧役場の建物が見られなかった。あれは相当な渇水にならないと見られないらしい。一方、この発電所遺構は丸見えである。まるで水に沈むことなどないかのように、ふつうに見えている。それが夏が終われば、だんだん水が貯まってダムに沈んでいくというのだから、そそられる。ぜひその様子を、そばに張りついて見ていたいものだ。

「放水路を渡って、あの遺構のところまで歩いていくツアーをやることもあります」

いいなあ、そのツアー。途中敵に待ち伏せされたりして。その非日常感を私も味わってみたいと思ったのである。

鹿児島一周の旅を続けよう。

われわれは曽木の滝を後にすると、西の霧島方面へ向かった。それから時計回りに大隅半島を南下する予定だ。

途中、飯富《いいとみ》神社の仁王像に立ち寄る。こんな仁王だった（か－⑪）。

次に見たのは伊邪那岐《いざなぎ》神社の仁王像で、こんな感じだった（か－⑫⑬）。

そしてその日は妙見《みょうけん》温泉に泊まり、翌日最初に見に行ったのがこれ。霧島市隼人町《はやとちょう》熊野神社の仁王である（か－⑭）。

みんなどうかしている。

だいたいなんなんだ、そのレモンみたいな目は。

「こういうのを見ると、変な顔の仁王だと思うかもしれませんが、私から見ると、鹿児島ってこういう顔の人いるなあ、って思うんです」

テレメンテイコ女史は言った。濃いなあ、鹿児島。

私がこれらの仁王を見てきて感じるもうひとつの特徴は、上半身と下半身のかみ合わなさだ。子どもの頃ソフビの怪獣人形が好きでよく買ってもらったのだが、人形には手足が動かせるものと、お腹のところが回転するだけで手も足も動かないものがあって、この手も足も動かない人形は遊びづらかったのを思い出させる。もしこの仁王が動くとしたら腰のところで回転するだけで他は全然動かないにちがいない。なんかそんな気がする。

2日目もいい天気だった。

仁王をひとつ見た後、われわれが向かったのは、都城《みやこのじょう》市にある弥五郎《やごろう》どんの館だ。霧島はほぼ素通り。九州でも有数の観光地だが、個人的に何度か来ているので割愛した。都城は宮崎県だけれども、どうしても弥五郎どんが見たいので、ここだけ少し鹿児島県を逸脱する。

弥五郎どんとは、身の丈4メートルの巨大な人形である（かー⑮）。

11月に行なわれる的野正《まとのしょう》八幡宮の例大祭（いわゆる弥五郎どん祭り）において、八幡宮から600メートル離れた池之尾社まで引いていかれる。これを「浜殿下り《はまくだり》」と呼ぶそうだが、とにかく驚くのはその人形の異様な姿だ。今でこそ高さ4メートル程度では、お台場のガンダ

か－⑪ 仁王というよりふつうの人

か－⑬ レモンのような目

か－⑫ 遠慮がち

か－⑮ この世のものでない感じがいい

か－⑭ ちょっとはにかんでる？

か－⑯ 一度見たら忘れられないインパクト

ム像（18メートル）どころか、名鉄名古屋駅のナナちゃん（6・1メートル）よりも低く、大きいとは感じられないものの、館内に展示してあった弥五郎どんは威圧感があって、表情に何を考えているかわからない雰囲気もあり、好感がもてた。

こういう祭りや民俗芸能で大事なことは、この世のものでなさ、異形っぽさであって、その意味で弥五郎どんは十分に資質を満たしている。こういう人形は不気味であればあるほどいいのである。

ちなみに弥五郎とは、大和朝廷に滅ぼされた隼人族の首長の名であり、朝廷側が平定後、祟りを鎮めるために放生会《ほうじょうえ》を行なったのが弥五郎どん祭りの起源と言われている。

現在では、宮崎と鹿児島の合計3か所で祭りが行なわれており、われわれはもう1か所鹿児島県曽於《そお》市の道の駅にある弥五郎まつり館にも行ってみた。

ここの弥五郎どんは、的野正八幡宮のものよりさらに大きい6メートル（か－⑯）。腰に2刀をたばさみ、その表情もますます得体が知れず、頭に鳥みたいなのがのっていて、味わいが深かった。

道の駅は広い公園になっており、丘の上には高さ15メートルの巨大弥五郎どんまであって、そこでも頭に鳥がのっていた。キュートだ。

そんなわけで私は弥五郎どんの巨大さと異様さを面白く見たのだが、テレメンテイコ女史の見方は少し違うようだった。

「津軽の立佞武多《たちねぷた》なんかに比べると貧相ですよね。あっちは高さ20メートル以上あって華やかだったけど、弥五郎どんはそれに比べると簡素で、鹿児島はやっぱり貧しい土地だったんだなと思います」

「このぐらいのものしか作れなかったと?」

「そうです。鹿児島には昔から農民や商人の建てた御殿があんまりないんですよ。大きな屋敷はたいてい武家屋敷です。東北には○○御殿とかあるでしょう。経済が豊かだった証拠です」

さすが地元なだけあって、今回のテレメンテイコ女史はいつもと違い、鋭い考察をしてみせた。

一方、私はただの観光客だから、そんな話に関心はなく、見た目勝負である。たしかに津軽の立佞武多と比べると派手さも大きさも劣るかもしれないが、私には弥五郎どんも興味深い。むしろその洗練されてなさに、いい知れぬ味を感じる。不気味な感じが残っているところがいいのだ。

鹿児島に何の縁もない私だが、実は弥五郎どんは子どもの頃から知っていた。いつ何で知ったのか記憶にないけれど、印象に残っているのは、相当不気味な感じを覚えたからだと思う。それはただ巨大な人形というだけでなく、得体が知れないというか、あらぬ方を向いて何を考えてるかわからない、魂があるのかないのかわからないものであり、自分はなんだかそういうものが昔から好きらしいのだった。

仁王も似たようなところがある。

鹿児島の仁王は、京都や奈良の山門に立つ仁王と違い、その洗練のされなさゆえの素朴さとユーモラスさと不気味さがある。

その後もわれわれは仁王を探しながら大隈半島を南下したが、見た仁王は、こういうのであった（鹿屋市輝北町市成／か―⑰）。

やはり不気味さのスパイスが紛れ込んでいる。面白さと不気味さは、紙一重のところにあるのである。

か―⑰ ふっと話しかけてきそうな仁王

3. 大隈半島には何があるのか

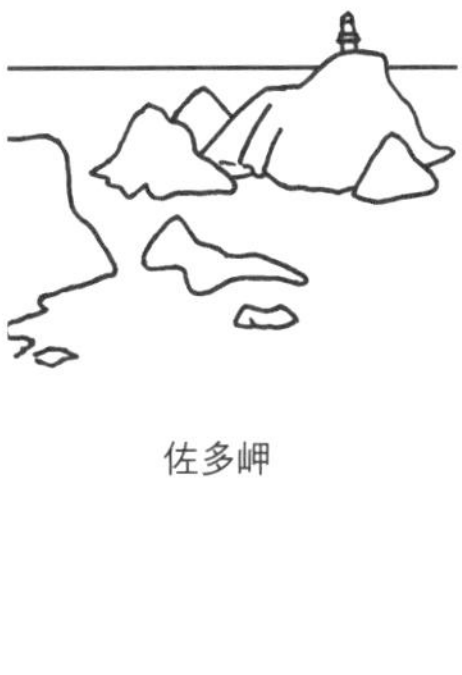
佐多岬

弥五郎どんを見たり、美術館に寄ったりしながら、われわれは大隅半島を南下していった。

大隅半島とは、言うまでもないが鹿児島県の右側の半島である。左の薩摩半島には、指宿《いぶすき》だの開聞岳《かいもんだけ》だのいろいろと有名な観光スポットが目白押しだけれども、大隅半島には何があるのだろうか。

もともと鹿児島県に縁遠い私は、まったく何があるのか知らなかった。鹿児島出身のテレメンテイコ女史に聞いても、何があるんでしょう、鹿児島の人もあんまり来ないんじゃないかな、とよくわからない様子。ためしに市販のガイドブックを開いてみても、先端の佐多《さた》岬以外とくに載っていなかった。

んんん、いいのか、それだけで。

いったい何があるんだ、大隅半島。

私の義母が鹿児島県の出身で、後に会った際に大隅半島について尋ねてみたところ、何があるんやろね、とテレメンテイコ女史と同じようなことを言っていた。

どうも大隅半島に何も見るところがないというのは、鹿児島県民にとっても共通の認識になっているらしい。

結局何もないのか、大隅半島！

ちなみに途中、こんなのを見た（肝付町桜迫神社／か-⑱）。

あと、こんなのもあった（錦江町淵之上神社／か-⑲⑳）。

見どころいっぱいじゃないか大隅半島。

廃仏毀釈の際に破壊され上半身だけになってしまった仁王が、地面からにょっきり生えたように置かれる姿は、鹿児島観光の白眉《はくび》であろう。

この渕之上神社の上半身仁王の周囲には、同じように一度破壊された仁王がいくつも置かれていた。

例によって、上半身と下半身がいまいち噛み合っていないのは、実際もともと別の胴体だったものを適当に組みわせたからだろう。やはり胴体のところでしか回らないソフビの怪獣人形を思い出す。そんな大雑把さを残しながらも迫力だけは失わない仁王像たちに私はおおいにひきつけられた。

大隅半島は仁王推しでいいんじゃないかな。ガイドブックになぜ仁王を載せないか。

ためしに鹿児島中央駅でもらってきた観光パンフレットを見てみても、仁王などひとつも載っていなかった。

では観光当局の推す大隅半島の有力観光地はどこなのか？　と見れば、神川《かみかわ》大滝公園というのがこの近くにあって、そこが周辺ではもっとも大きな観光スポットらしい。そこに行ってみることにする。

神川大滝公園は、その名の通り大滝のある公園で、広い峡谷全体が公園として整備されていた。駐車場から峡谷の壁に一筋の滝が落ちているのが見えたが、それは大滝ではないようだ。その滝の横には真っ赤な螺旋階段があって、滝を真横から眺めつつ上部まで登れるようになっている。

滝の横に発射台のような階段があった

こんなに滝のすぐそばに大きな階段があるのも珍しい。ロケットの発射基地のように見えた。
大滝は川の本流にかかる幅広の滝で、さすが大滝というだけあって、迫力があった（か-①）。滝の上空に吊り橋がかかっており、さっきの螺旋階段から行けるようだったので行ってみると、上からの眺めもよく、とくに大滝の上流が原生林

か-⑲ 底なし沼にズブズブ沈む仁王

か-⑱ スカートがめくれて
パンツが見えている？

か-⑳ みんなでダンス

か－㉓ ひとつ目で両腕をふりあげた
妖怪にしか見えなかった樹

か－㉑ 何か言いたそう

か－㉒ わしは遠慮しておこう

に覆われたジャングルのように見えて、行ったことないけどアマゾンに来たような心地がした。

「これ上流からゴムボートで下ってきたら、どのへんで滝に気づくんでしょうね」

こうしてみると、水遊びもできそうだし、なかなかの観光スポットだと思ったが、これで大隅半島の観光を一手に引き受けるには荷が重いかもしれない。

そして観光パンフレットにはもう1か所、もっとナイスなスポットが載っていた。南大隅町にある雄川《おがわ》の滝だ。

写真を見ると、緻密な彫刻のような柱状節理《ちゅうじょうせつり》の岩壁に一筋の滝が流れている。まるでイスラム教モスク天井の鍾乳石飾りのようで、それだけでもかっこいいが、驚くのは滝つぼだ。まるで南の海のようなエメラルドブルーなのである。

おおお、こんなかっこいい場所があるんじゃないか大隅半島。

これは行きたい、と思って調べたが、なんと遊歩道工事中のため8月になるまで立入禁止とのことだった。今はまだ7月。それでもなんとか行けるんじゃないかと車を走らせてみたものの、途中に警備員がいて、この先は入れないと言われる。

「歩いていくのもダメですか」

「ダメです」

んんん、この雄川の滝は、観光地の少ない大隅半島の救世主になるのではあるまいか。私がここで紹介すれば、今後多くの観光客がやってくるのではないか。誰もこんなエッセイ読まないかもしれないが、少しは観光客が増えるのではないか。

と思っても、ダメなものはダメなのだった。

残念！

見たかったよ、エメラルドブルーの滝。

で、かわりにこんなものを見た（錦江町旗山神社／か-㉑）。

同じ神社にあったもう一体がこれ（か-㉒）。

仮にも仁王なんだから、もっと怖くないといけないんじゃないか。

鳥居の前に、樹齢８００年以上という大きな楠の木があり、そっちのほうが怖かった（か-㉓）。

雄川の滝は見られなかったが、私はこうした神社をめぐるのもだんだん面白くなってきた。

神社という場所は、お社と大きな木が生えた境内があるだけで、お参りしたらあとはとくにすることもない。仮に観光客がここにやってきても大満足するとは考えにくいが、私はこの何もなさにホッとする。

青森県では鳥居の上に鎮座する鬼コを探して神社をめぐった。そのほか、佐賀県周辺にしか存在しない肥前狛犬というかわいい狛犬を探したときもたくさんの小さな神社を訪れた。

それまでとくに神社が好きというわけでもなかったが、いくつも回るうちにお寺とは違う神社の味わいがわかってきた気がする。

何がいいかというと、まず境内が広々として清涼感があること。それだけならお寺にもない

か－㉔ そこらじゅうに亡霊のような仁王がニョキニョキ

か－㉕ こっちにもニョキニョキ

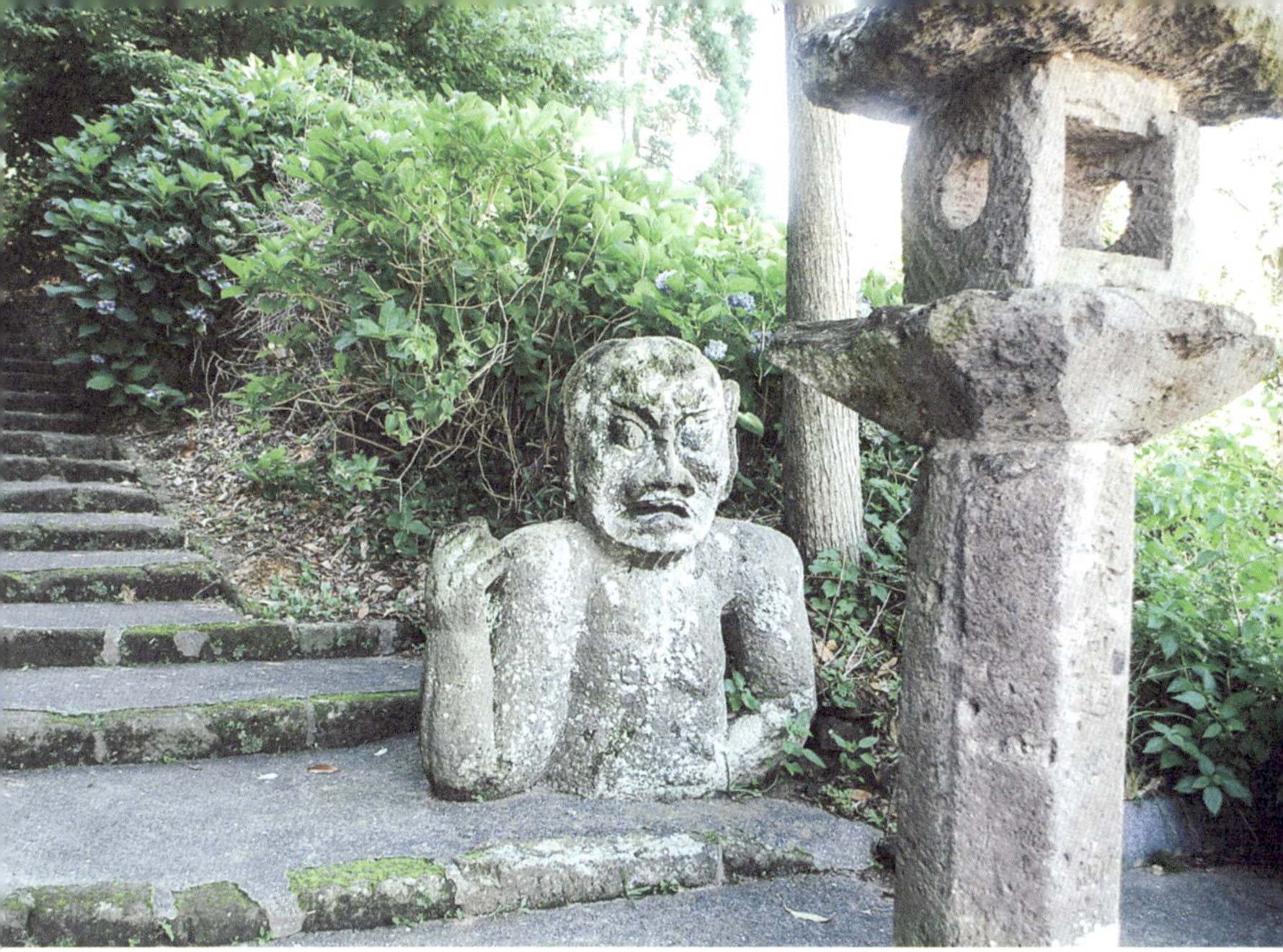

か－㉖ だんだん面白くなってきた

か－㉗ もはや何かわからないが、存在感はすごい

ことはないのだが、お寺の場合はどこか人間臭く、一方の神社は自然ぽいのである。もともとご神体が自然そのものだった神社も多く、当然のことだが、自然ぽいと何が違うかというと、静かなのであった。音がしないだけでなく、空間がシンプルで静かなのだ。それがいい。

そしてその静かな空間に、鬼がいたり、かわいい狛犬がいたり、変な仁王がいたりすると、お寺の仏像などとはまた違う存在感が感じられて、面白いのだった。

佐多岬に行く途中には、こんな仁王もあった（南大隈町鬼丸神社／か－㉔）。地面から生えている。

よく見ると鳥居の奥にも2体生えていた。渕之上神社でも見たが、上半身だけの仁王は、あまり怖くなく、ちょっとおどけているようにも見える。味わい深い。

この後われわれは佐多岬を訪れて、九州最南端らしい雄大な風景を眺め、次は薩摩半島へ向かうべく、フェリー乗り場がある根占《ねじめ》港へ向かった。

根占港の近くでは、こんなものを見た（南大隈町宮原若宮神社／か－㉕㉖）。

近所に小学校があるらしく、前を小学生の集団が歩いていたが、仁王像には何の注意も払っていなかった。もう当たり前の日常風景となっているのだろう。彼らにとって、仁王というものは、地面から上半身だけが生えているのが常識なのかもしれない。

参考までに後ろから見ると、こんな感じである（か－㉗）。

4．薩摩半島で夢見心地になれなかったこと

薩摩半島に渡ったらそこが指宿であった。

指宿に来たら名物の砂蒸しを体験しないわけにいかない。

日本に温泉数あれど、砂に埋もれる温泉というのは滅多にない。私はとくに温泉マニアではないけれども、珍しいから体験しにいった。

チケットを買って下着をつけないまま専用の浴衣に着替えると、そのまま外に出て浜辺に設えられた砂蒸し場へ歩いていく。

一般人も通る堤防沿いを歩くのだが、この間、浴衣の下はノーパンというのが緊張する。私自身ノーパンであることはどうでもいいが、仮に若い女性がそこを砂蒸し用の浴衣で歩いていた場合、その下に下着はつけてないということであるから、それについて考えはじめると、どうでもよかったはずの私自身が、どうでもよくなくなっていく可能性、言うなれば不自然な前屈体勢で歩かざるを得なくなる危険性があり、緊張したのである。

イッシー

が、このときはテレメンテイコ女史以外の女性がまわりにおらず、余計な妄想に煩わされることなく、無事、砂蒸し場に到着した。

砂蒸し場には若いお兄さんたちが適度な穴を掘って待っていた。

そこに横たわり、あまり我慢しないで10分ぐらいで出てくださいといわれ、砂をかけられた。お兄さんたちも慣れているから手際がいい。

そうして熱い砂に埋もれながら、私は生き埋めについて考えた。

というのも、ちょっと砂をかけられただけでえらく重かったからである。

これまで、もし何かの拍子に生き埋めになった場合は、手で少しずつ砂を掻いて、だんだん地上に向かっていこうと考えていたが、ちょっと砂が載っただけでこんなに重いようでは、砂を掻くも何も、その前に重みで潰れてしまうのではないか。やはり生き埋めはならないに越したことはない、と考えを新たにした。

10分きっかりで出て、温泉で砂を流して宿に帰る。

宿に戻るとコインランドリーの場所を尋ね、洗濯物を持って出かけた。でかい洗濯機に全部放り込んで、洗濯と乾燥を待つ間、海べりの堤防に座って、夜の海を眺める。

打ち寄せるさざ波の単調な音を聞きながら、私は、高校時代に友だちと鹿児島旅行に来たときのことを思い出した。あのときは桜島と霧島に来たのだった。細かいことは忘れたが、当時の自分としては、ずいぶん遠いところに来たものだとしみじみ感傷に浸った覚えがある。

あの頃は日本中、いや世界中を旅したくてうずうずしていた。そして旅に出たときにはその開放感と寂しさに、興奮しかつ癒されていた。ロマンチックな妄想にふけり、その状況に酔っていたとも言える。

旅の妄想に酔う若い頃の自分を思い出すと恥ずかしいようではあるが、それでも、旅で夢見心地になることを私は否定しない。

むしろ夢見心地になる人を揶揄《やゆ》するような人を軽蔑する。

人は人生のある時期、何かに夢見心地になり、そのことで生きていく気持ちを養う。その真っ只中にいる人をからかってはいけない。

人生はそんな甘いもんじゃないよと、何でもかんでも否定してはいけない。もちろん人生は甘いもんじゃないけれども、甘いものも幾分かは混じっているのだ。その幾分かの甘い成分を楽しく味わおうではないか。

指宿の夜空は星が多かった。

ああ、夢見心地になるにはうってつけの夜だなあ、と思ったけれど、もう完全無欠のおっさんになってしまった私には、夢見心地になりきるパワーが残っていなかった。

頭の中は、主に、原稿の〆切と生活費がきついという問題で占められていた。現実と切り離され、夢の世界に一歩足を踏み入れるような旅は、この歳になると世界のどこへいこうと難しいのかもしれない。

こういうときにビールでも飲んで酔っ払えれば、少しは感傷的な気分になれるのかもしれなかったが、アルコールがダメな私は、ヨーグルトドリンクで腸の調子を整えるのが精いっぱいであった。

ところで、この日泊まった民宿が清潔でごはんもおいしく、いい宿であった。

「この宿は当たりでしたね」

とテレメンテイコ女史と言い合った。

というのも初日に泊まった温泉宿がかなりボロくて辟易《へきえき》したのである。

これほど情報の発達した時代でも、事前にネットで調べたぐらいでは、細かいことはわからない。なので最近は、レベルがある程度一定しているビジネスホテルのほうをつい予約しがちなのだが、今回は初日とこの日は民宿だった。そのため、また初日のようなボロ宿だったらと不安に思っていたのだった。

だが心配は杞憂《きゆう》に終わった。部屋は清潔で食事も丁寧、いい宿に当たったものであった。

それで朝めしをうまいうまいと食っていたら、武田百合子の『富士日記』（全3巻、中公文庫、1997年）のことを思い出した。あの日記には、その日食べた料理のメニューがひたすら書いてあるのである。

エッセイに料理のメニューを列挙することについて編集者の意見を聞いてみたくなり、テレメンテイコ女史に質問した。

「武田百合子の『富士日記』を読むと、その日食べた料理のメニューがひたすら書いてあるんですよ」

「ありますね」

「あんなの読んで、読者は面白いんでしょうか」

私は言った。

「面白いです」

「ええ!? ただのメニューですよ?」

「そうです。あれがいいんですよ」

「そうかなあ。しかも一品ごとに改行ですよ。ページ稼ぎとしか思えない」

「あれがあると、想像が膨らむんですよ」

「全然わからない」

「それは宮田さんが料理に関心がないからですよ」

「まあそうだけど、それにしたってハンバーグ、改行、冷奴、改行、ってなんて安直な」

「いや、それがいいんですって。宮田さんは料理のかわりに宮田さんが好きなものを列挙したらいいんですよ。そしたら想像が膨らむでしょ」

「好きなもの?

イロウミウシ
メリベウミウシ
コンシボリガイ
ミガキブドウガイ
タツノオトシゴ
フリソデエビ
カエルアンコウ
コブシメ
……
いいかも」
「そういうことです」
そういうことであった。

この日われわれは薩摩半島の観光スポットを一気に堪能した。

最初に見たのは桜井神社で、こんな感じだった(か-㉘)。

次に向かったのは長崎鼻《ながさきばな》で、つまりは岬である。灯台のある突端まで歩いていって青い海や開聞岳の雄姿を眺めた(か-㉙)。龍宮《りゅうぐう》神社という小さな神社があり、貝殻に願いごとを書いて

上）か-㉘ 仁王は怖いものではない。面白いものだ。という認識に達した
下）か-㉙ 開聞岳の雄大な眺め

奉納できるようになっていた。うず高く積まれた貝殻をテキトーに見ると、

「おとうさんがあばれないように」

とたどたどしい文字で書いてあって涙を誘った。

謎の生物イッシーが棲むといわれる池田湖にも寄って、お土産物屋の奥の水槽で大うなぎを見た。なんでもここにはかつて皇太子殿下も来られて大うなぎをご覧になったそうだが、水槽は薄汚れ、ガラスも曇って〝皇太子殿下がご覧になられた感〟が全然なかった。

干潮時に砂洲の道があらわれて本土と陸続きになる知林ヶ島《ちりんがしま》に歩いて渡り、さらに西へ走って大国寺《だいこくじ》を見物した。

大国寺というのは、海へ向かってゆるやかで広大な茶畑の斜面が広がるなかに、ポツンと存在する真言宗のお寺。修行僧たちの手によるコンクリートのゆるい仏像が、いくつも並んでいて楽しい。

こんな感じだ（カ―㉚㉛㉜㉝）。

こういうお寺はいわゆるB級スポットということになるのだろうが、プロの仏師が造るわけではないから、ゆるいのは仕方がないし、むしろ愛嬌があっていいと思う。

そしてこの大国寺は、全国各地で幾多の手造り仏を見てきた私が見ても、かなり明るい部類に入り、好感がもてた。

その場に居合わせた男性に声をかけられた。勝手に写真を撮っていたので怒られるのかと思

ったら、むしろ自由に見ていってくれといわれ恐縮する。

なんでも男性はキリスト教を学ぶために若くしてイスラエルに渡り、やがてユダヤ教を学ぶようになったが、だんだん彼らがパレスチナ人を殺していることに疑問を感じるようになったという。そんな頃、たまたま見た四国遍路のガイドブックに、四国は歩いてみないとわからない、という言葉があって心動かされ、急遽帰国して四国遍路を始めたそうだ。するとある日、枕元に弘法大師《こうぼうだいし》が立ち、「よく来た、お前が来るのを待っていた」と声をかけられたとのこと。

その後、縁のあったこの大国寺で得度《とくど》したのです、と男性は語った。

思わぬところで壮大な話を聞いた。

世界を股にかけたすごい人生ではなかろうか。

もはや仏像の姿がちょっと面白い感じになっているとか、そんな小さなことなど微々たる問題であり、どうだっていいにちがいない。

私はこういう場所が好きだ。

宗教であれ何であれ大事なのは陽気であるということだ。

大国寺は広大な南斜面に位置していることもあって、とても陽気でいいところであった。

その後われわれはさらに西へ向かい、こんなものも見たが、仁王もだいぶ見慣れてきた（南さつま市本誓寺／か－㉞）。

か－㉚ 自由

か－㉜ 大事なのは陽気なことだ

か－㉛ 細かいことはいいのだ

か－㉝ 建設中の大仏

か－㉞ テレメンテイコ女史ゆかりの仁王

なんとこの寺は、テレメンテイコ女史の父方の本家の檀那寺《だんなでら》だということで、思わぬ符合に驚いたが、女史はこんな仁王があったとはまったく記憶にないそうである。

この後、ちょうどいい機会だから親戚の家に寄っていくという女史をある場所で下ろし、私は坊津《ぼうのつ》の海でひとりシュノーケルして、イカやエイなどの生きものを見物した。その後、レンタカーで北上して鹿児島市内に戻ると、桜島に渡って何年かぶりの桜島を観光。

埋没鳥居を見て、降った灰の厚みに驚きもしたが、私自身は結局一度も灰に降られることはなく、灰を集める集塵車も見ることはできなかった。それでは真の鹿児島を見たことにはならないかもしれないが、旅行中ちっとも噴火しなかったのだから仕方がない。

出典　「鹿児島　3・4」は書き下ろしです。他は、「廣済堂よみものWeb」にて2015年9月から2016年8月まで掲載された作品に、加筆修正したものです。

写真・イラスト／宮田珠己
写真提供／クラブノア隠岐（お-⑪）
　　　　　立佞武多の館（つ-㊵）
ブックデザイン／金子哲郎
校正／長田あき子
編集／川﨑優子

私なりに絶景　ニッポンわがまま観光記

2017年2月15日　第1版第1刷

著者　宮田 珠己
発行者　後藤 高志
発行所　株式会社 廣済堂出版
〒104-0061 東京都中央区銀座3-7-6
TEL 03-6703-0964（編集）
03-6703-0962（販売）
FAX 03-6703-0963（販売）
http://www.kosaido-pub.co.jp
振替 00180-0-164137
印刷所・製本所　株式会社 廣済堂

ISBN978-4-331-52080-2 C0095

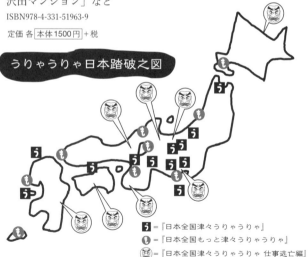